이 도서의 국립중앙도서관 출판시도서목록(CIP)은 서지정보유통지원시스템 홈페이지(http://seoji.nl.go.kr)와
국가자료공동목록시스템(http://www.nl.go.kr/kolisnet)에서 이용하실 수 있습니다.(CIP제어번호: CIP2014001389)

작은 마을
디자인하기

글쓴이 이누이 구미코, 야마자키 료
옮긴이 염혜은

design **house**

건축가 이누이 구미코Inui Kumiko

커뮤니티 디자이너 야마자키 료Yamajaki Ryo

오로지 계속해서
공을 던지기만 했던 일 년

내 앞에 야마자키 료 씨가 등장한 것은 몇 년 전 심포지엄에서였습니다. '만들지 않는 디자인'을 설파하는 야마자키 씨의 발표를 들으며 '아아, 또 말뿐인 사람이군. 형태를 만들어 책임질 필요가 없는 사람은 무슨 말이든 할 수 있어서 좋겠어' 하고 속으로 비아냥거렸죠. 당연히 야마자키 씨가 하려는 말을 신중하게 받아들이려는 시도조차 하지 않았습니다. 첫 만남은 그걸로 끝이었습니다. 다른 업계에서도 흔히 있는 일이겠지만, 건축 설계는 상당히 힘들고 딱딱하고 복잡한 일이라 같은 업종 사람의 의견은 순순히 받아들여도 외부의 의견은 '저건 몰라서 하는 소리야' 하면서 귀를 기울이는 것조차 귀찮아하기 일쑤거든요. 그런데 그런 편협한 설계자의 대표 격인 제가 2011년 2월부터 미야자키 현의 노베오카 시에서 야마자키 씨와 함께 일하게 된 것입니다.

'노베오카 시 프로젝트'의 취지는 기존의 많은 역전驛前 재개발이 의미했던 단순한 구획 정리와 건축 설계에서 벗어나, 그것 외에도 역을 중심으로 마을 전체의 미래 청사진에 대해 시민과 함께 생각하는 것이었습니다. 그렇기 때문에, 저로서는 처음 시도해보는 생소한 일이었습니다. 따라서 의뢰를 받아들이면서 지금까지 그다지 진지하게 생각해본 적이 없던 마을 만들기나 도시 재생, 시민 참여 등에 관련된 책을 새삼스레 다시 읽었습니다. 지금까지 건축에만 집중해온 의식을 사회문제로 돌리려는 노력이었지요. 그리고 때마침, 야마자키 씨가 이누이 사무소에 와서 studio-L 활동이나 노베오카 시에서 이미 시작하고 있는 기획에 대해 설명해줄 기회가 있었습니다.

노트북을 꺼낸 야마자키 씨는 처음부터 엄청난 열정을 보여주셨습니다. 게다가 1대 1의 상황이었으니 대충 대충 하던 저는 깜짝 놀랐죠. '와! 이 사람은 분명히 말뿐인 사람이긴 하지만, 입만으로도 엄청난 양과 질의 디자인을 쏟아내잖아!' 하고 놀라면서, 동시에 건축 설계가 가능한지 여부만 따지던 지난날을 크게 반성하게 되었습니다. 그렇지 않아도 마을 만들기에 관련된 책을 읽으면서 '건축 설계가 취급하는 세계란 의외로 굉장히 좁구나' 하면서 반성하던 참이라 어퍼컷을 두 번 맞은 느낌이었습니다. 그런 이유로 저는 '건축 설계법'에서 전향할 수밖에 없었습니다.

말이 전향이지 그렇다고 해서 180도로 달라졌다는 의미는 아닙니다. '사회문제를 디자인으로 해결한다'는 주장이 주목받고 있지만, 건축에 한해서 말하자면 '해결'이라는 단어로 바로 뛰어드는 것은 위험하거든요. 예를 들어, 전쟁 후 주택난을 해결하기 위해 신중하게 기획된 집합주택이 시대가 변하면서 오히려 비판받았다는 것은 잘 알려진 사실입니다. 해결해야만 하는 문제가 존재하는 기간과 건축이 존재하는 기간. 그 둘의 차이를 메우는 것 자체가 건축에서는 굉장히 어려운 일입니다. 게다가 건축을 깊이 생각하면 생각할수록 사회문제와 거리가 멀어집니다. 하지만 우리가 사는 현대 일본은 지금도 해결해야 할 과제투성이라 침착하게 그 현실을 받아들여야만 하지요. 따라서 때로는 과제의 '해결'을 위해 건축의 지혜를 유연하게 사용해야 한다는 생각을 하게 되었습니다. 그것이 제 나름대로의 '전향'인 셈입니다.

이 책에서 다루는 논의는 참여형 디자인을 중심으로 전개되는데, 사실 저는 개인적으로 조금 더 광범위한 건축론에 흥미를 가지고 있습니다. 건축을 디자인할 때 어떤 것을 목적으로 삼아야 하는가. 어떤 기간(타임 스팬, time span)을 먼저 고려해야 하는가. 하드웨어 중심의 기존 건축 디자인과 반대되는 개념으로 '만들지 않는 디자인'이라는 경향이 생겼을 때, 둘의 가능성과 한계를 극대화하면서 그것을 잘 나눠서 사용하는 방법이 과연 존재하는가. 이런 논의에 대해 두 분야에 정통하면서도 독특한 태도를 보여주는 야마자키 씨의 힘을 빌려 이야기를 진행하고 싶었습니다. 이런 방식을 통해, 계속해서 극적으로 변화하는 설계 환경에 당혹감을 느끼고 있는 저와 같은 실무자나 건축 교육에 관련된 사람들(교수나 학생)에게, 넓은 플랫폼과도 같은 논의의 장을 제공할 수 있지 않을까 생각했기 때문입니다. '노베오카 프로젝트'를 함께 진행함으로써 보너스처럼 얻은 신뢰 관계를 토대로, 제 무지를 드러내면서 다양한 지점에서 공을 던져 야마자키 씨의 생각을 끌어내보려 시도한 배경에는 그런 의도가 담겨 있었습니다.

이렇듯 제 실력에 비해 터무니없이 큰 목표를 조준해온 근 일 년간, 저는 상당히 필사적이었습니다. 야마자키 씨는 어떠셨는지요?

2012년 7월 31일

이누이 구미코

もうひとつ──まちへのラブレター
参加のデザインをめぐる往復書簡

가을 편지

생활자와 설계자의 커뮤니케이션에 대해

겨울 편지

커뮤니티란 무엇일까

봄 편지
디자인의 필연성은 어디에?

… 씨!

아직 수염은 없다.

러브 레터파   직접 대시하는 파

참여형 디자인의 완성 과정을 알고 싶어

이누이 구미코의 첫 번째 편지

2011.6.25

야마자키 님께

랜드스케이프 디자인에 대한 소박한 질문

노베오카 역 주변 정비 일로 인연을 맺은 지 일 년이 지나 이렇게 편지를 주고받게 되었네요. 어떤 내용으로 전개될지 모르겠지만 잘 부탁드립니다.

제가 첫 번째로 편지를 쓰는 영광스러운 역할을 맡게 되었는데 어떤 느낌으로 편지를 써야 좋을지 전혀 감이 오지 않아 며칠 동안 무척 끙끙댔답니다(웃음). 거장巨匠 간의 왕복 서간이라고 하면 굉장히 기대되잖아요. 혹시 기대감에 어긋나는 문장이 있더라도 독자인 '나'에게 이야기를 들려주는 듯한 느낌 때문에 마음을 사로잡는 효과가 있으니까요. 하지만 우리는 업계에서 아직 젊은 부류에 속합니다. 사적인 부분을 자연스럽게 반영하는 내공을 보여주기에는 솔직히 시기적으로 너무 이르다는 생각이 듭니다. 하지만 그렇다고 해서 리포트를 쓰듯이 쓰자니 바로바로 화제를 전환하거나 매끄럽게 주제를 이어가는 자연스러운 화법을 구사할 수 없을 것 같고, 아무튼 이래저래 참 힘들었답니다.

하지만 이렇게 여러 가지 생각을 하면서 다양한 각도로 쓰다 보니 대강 감이 잡히더군요. 그것도 무척 빠른 속도로요. 야마자키 씨에게 여쭤보고 싶은 것도 생각났고요. 흐음, 왕복 서간이란 형식도 제법 괜찮군요!

예전에 미팅 자리에서 야마자키 씨가 *로런스 핼프린을 인용하신 적이 있

---

* **로런스 핼프린(1916~2009)** 미국의 조경가. 랜드스케이프 아키텍트. 작품으로 '러브 조이 플라자'(1966), '기라델리 스퀘어'(1968), '리바이스 플라자'(1982), '루스벨트 기념 광장'(1997) 등 다수.

었죠. 로런스 핼프린은 랜드스케이프 디자인 역사, 그리고 워크숍의 역사를 말할 때마다 빠지지 않고 언급되는 인물이지만, 솔직히 건축 설계일을 하는 사람들 사이에서는 그렇게까지 대단한 이미지는 아닙니다. 랜드스케이프 디자인은 수업 시간에도 별로 들은 적이 없고 설계 과정의 대상이 되는 일도 많지 않기 때문에 어지간히 유명한 사람이나 작품이 아니면 알 기회가 많지 않거든요. 우리가 아는 건 그저 *시 랜치는 *찰스 무어의 작품이다'라는 정도죠. 그래서 건축과 출신은 랜드스케이프 디자인에는 무지한 편입니다.

제 개인적인 성향이 반영된 것일 수도 있지만 제가 학교에 다닐 때는 *피터 워커나 *에밀리오 암바츠가 유명했습니다. 맞아요, 어쩐지 좀 불행한 느낌이 들지요?(웃음) 건축 잡지에 그들의 작품을 다룬 특집 기사가 자주 실리던 시기에 공부를 했으니까요. 하지만 그들의 작품은 랜드스케이프 디자인을 이해하기 어렵게 할 만한 것들이었지요. 표층적으로 보이는 그들의 작품은, 사물을 보는 시점이 아직 정착되지 않은 학생들에게는 매우 어려워서 '뭔가 많이 잘못되었다'라는 느낌만 강하게 풍겼으니까요. 그래서 랜드스케이프란 너무 요상하니 가까이하지 말자는 결심을 하기에 이르렀죠. 그 밖에도 다양한 작가와 작품이 존재하는데도 다른 것들

* 시 랜치(Sea Ranch, 1967) 샌프란시스코에서 북쪽으로 약 160킬로미터 떨어진 태평양 해안에 위치한 별장 휴양지. 로런스 핼프린이 진행한 현지 조사를 기초로 마스터 플랜과 건축 가이드라인 등을 마련하고, 그 후 찰스 무어 등이 콘도미니엄을 설계했다.
* 찰스 무어(1925~1993) 미국의 건축가. 대표작으로 '시 랜치 콘도미니엄'(1965), '캘리포니아 크레스지 칼리지'(1971) 등이 있다.
* 피터 워커(1932~) 미국의 랜드스케이프 디자이너. 시각적이고 추상적인 디자인으로 랜드스케이프 디자인의 존재를 널리 알렸다. 작품으로는 '버넷 파크'(1983), '터너 파운틴'(1985), '일본 IBM 마쿠초 빌딩'(1991), '도요타 시 미술관'(1995) 등 다수가 있다.
* 에밀리오 암바츠(1943~) 아르헨티나 출신의 건축가 겸 디자이너. 주요 작품으로 '어크로스 후쿠오카'(1995) 등이 있다.

은 볼 생각을 하지 않고 이렇게 편향된 생각에 빠져버리다니, 지금 생각하면 한심할 정도로 시야가 좁았다는 생각도 듭니다. 그렇지만 학생다운 치기의 결과려니 생각하고 너그럽게 이해해주시길 바랍니다. 하지만 그런 점을 감안하더라도 왜 그렇게까지 심하게 오해를 했을까요? 어쩌면 그들의 작품에서 건축과 학생이 기대할 만한 비평성이 느껴지지 않았기 때문인지도 모르겠습니다.

시 랜치 건물
로런스 핼프린이 설정한 지붕 경사와 소재로 설계되었다.

아무튼 저는 이런 이유로 대학 시절에는 랜드스케이프라는 장르 자체에 회의적인 태도를 취했기에, 그 후 *OMA나 *장 누벨과 함께 한 시대를 풍미한 *이브 브루니에의 존재를 알게 되었을 때 받은 충격은 실로 대단한 것이었습니다. 디자인이라는 행위를 과감히 확장하는 자세나 거칠고도 아름다운 드로잉을 접한 순간 '아, 이거라면 알 것 같아!' 하고 감동했지요. 작품에서 느껴지는 비평성이 건축 이상의 탁월한 무엇인가를 지니고 있다는 느낌이 들어, 랜드스케이프에 대해 부정적이던 저의 좁은 시야에 대해 땅을 치고 반성하게 만들더군요. 그 후 *웨스트 8과 같은 그룹이 나오면서 점점 더 가능성이 넓어진 것을 실감할 수 있었습니다.

하지만 그 후에도 우리가 접한 랜드스케이프 디자인 정보는 매우 단편적이었습니다. 말하자면 '여전히 이브 브루니에는 대단해 보이지만 그분이 랜드스케이프 역사에서 어떤 위치를 차지하는지는 모르겠다'라는 식이었지요.

---

* **OMA(Office for Metropolitan Architecture)** 네덜란드 건축가 렘 콜하스(1944~)가 이끄는 건축 설계 사무소.

* **장 누벨(1945~)** 프랑스 건축가. 대표작으로는 '아랍 세계연구소'(1987), '까르띠에 현대미술재단'(1994), '덴쓰 본사 빌딩'(2002) 등이 있다.

* **이브 브루니에(1962~1991)** 프랑스의 랜드스케이프 건축가. OMA나 장 누벨 등과 함께 일했다. 작품으로 '산트 하우메 호텔 정원 계획'(1989), '르 클레르 장군 광장'(1992), '뮤지엄 파크'(1993) 등이 있다.

* **웨스트 8** 네덜란드 로테르담을 거점으로 활동하는 국제적인 설계 조직. 1987년 에이드리안 구제(1960~)가 설립했다. 랜드스케이프 아키텍트, 건축가, 어번 디자이너, 엔지니어로 구성되어 있다. 1990년대 작품은 세계 랜드스케이프 디자인에 커다란 영향을 끼쳤다.

이브 브루니에의 드로잉
(출전 Michel Jacques ed., Yves Brunier Landscape Architect, Burkhauer, 1996, p.51)
로테르담 뮤지엄 파크를 계획할 무렵.

하지만 최근 몇 년 동안 *읽기 쉬운 랜드스케이프 관련 서적이 계속해서 출판되는 등(그중 하나인 《텍스트 랜드스케이프 디자인 역사》는 야마자키 씨도 관련되어 있더군요) 상황이 많이 달라진 것 같습니다. 갑자기 우리도 이해할 수 있는 영역이 된 느낌이거든요. 그런 이유로(서두가 너무 길었네요. 죄송합니다) 이번 편지에서 제시하고 싶은 화두는 랜드스케이프 디자인에 관련된 출판물이 늘어나고 있는 분위기에 대해서입니다. 그냥 저만의 지나친 생각일까요? 야마자키 씨는 이에 대해 어떻게 생각하고 계신가요?

랜드스케이프 디자인은 배우는 방법도 아주 다양하더군요. 농학, 토목학, 조경학 등 완전히 다른 방면에서 배우고 실천할 수 있다는 점이 건축하고는 많이 다르더라고요. 건축 기사 면허 제도 때문에 더 그럴지도 모르겠습니다. 건축가나 건축사로 가는 길에는 그다지 다양한 옵션이 있는 건 아니니까요. 그 때문에 순수하게 한길만 걸어온 우리가 보기에 랜드스케이프 디자인 세계의 잡식(?)성은 상당히 복잡해 보입니다. 농학부나 토목학과만 보더라도 각각의 커리큘럼이 상당히 다를 텐데 어떻게 서로 교류할 수 있는지 의심스럽기도 하고요.

또 랜드스케이프 디자인, 토목 디자인, 경관 디자인, 그랜드 디자인 등 지칭하는 단어가 너무 많은 것도 이해하기 어렵게 하는 요소입니다. 왜

---

*읽기 쉬운 랜드스케이프 관련 서적 이누이가 최근 읽은 랜드스케이프 관련 서적 네 권
《랜드스케이프의 근대-건축/정원/도시를 잇는 디자인 사고》, 사사키 요지 · 미야기 사쿠 · 도사카 마코토 · 미타니 도루 지음, 가지마출판사, 2010
《텍스트 랜드스케이프 디자인의 역사》(p.15에 게재)
《랜드스케이프 어버니즘》, 찰스 왈드하임 지음, 오카 마사후미 옮김, 가지마출판사, 2010
《풍경 자본론》, 히로세 스케 지음, 로분도, 2011

그런 걸까요? 이 부분에 대해서도 해설 부탁드립니다.

studio-L은 랜드스케이프 디자인 업무도 함께 하고 있습니다만, 지금은 커뮤니티 디자인이 상당한 부분을 차지하고 있는 걸로 알고 있습니다. 왜 야마자키 씨 같은 분들이 이런 상황에 맞닥뜨렸는지(웃음)에 대한 비밀스러운 이유도 듣고 싶지만, 그보다 우선 야마자키 씨의 랜드스케이프 디자인관觀에 대해 듣고 싶습니다. 아, 말 나온 김에 야마자키 씨가 존경하는 랜드스케이프 디자이너도 알려주시면 감사하겠습니다.

그럼, 답장 기다리겠습니다.

2011년 6월 25일

이누이 구미코

《텍스트 랜드스케이프 디자인의 역사》
(다케다 시로 · 야마자키 료 · 나가하마 노부타카 편저,
가쿠게이출판사, 2010)

야마자키 료의 첫 번째 답장

2011.7.8

이누이 님께

랜드스케이프 디자인에 대한 소박한 질문

가고시마에서 야마자키입니다. 내일은 *'마루야 가든즈' 위원회가 열리는 날이군요. *나가오카 겐메이 씨를 오랜만에 만납니다. 그 전날 가벼운 마음으로 답장을 쓰려고 이누이 씨한테 온 편지를 열어봤는데 이런, 가볍게 답장할 수 있는 내용이 아니군요. 깜짝 놀라서 등을 쭉 펴고 자세를 고쳐 앉았답니다(웃음).

우선 앞으로 계속 편지를 주고받는 사이에 랜드스케이프 디자인을 주제로 이누이 씨와 저의 접점, 혹은 건축과 커뮤니티 디자인의 접점을 찾을 수 있으면 좋겠다는 생각을 해봅니다. 일단 제가 존경하는 랜드스케이프 아키텍트는 로런스 핼프린과 *프레더릭 로 옴스테드입니다. 이 두 사람 앞에서는 감히 얼굴조차 들 수 없을 정도지요(웃음). 두 사람에 대해 이야기하고자 하면 굉장히 말이 길어질 것 같으니 그건 나중에 틈나는 대로 이야기해보죠.

이누이 씨가 랜드스케이프 디자인에 대해 받은 인상은, 제가 받은 인상과 거의 비슷합니다. 왠지 수상하니까 거기에 관련되는 건 피하는 게 좋겠다는 생각 말입니다. 우리는 랜드스케이프 디자인에 대해 왜 이런 인상을 받는 걸까요. 첫 번째로는 일본에 *아메리칸 랜드스케이프가 소개된 시기가 버블 경제 시대였고, 건축 분야의 포스트모던 운동 중 하나로

* **마루야 가든즈** 2010년에 레노베이션으로 재탄생한 가고시마의 백화점. 디자이너 나가오카 겐메이, 건축가 다케우치 마사요시와 야마자키 료의 손을 거쳐, 시민 활동을 위한 커뮤니티 공간을 갖춘 색다른 백화점으로 다시 태어나는 데 성공했다.
* **나가오카 겐메이(1965~)** 일본 디자이너이자 D&Department Project 대표. 디자인과 재활용을 융합한 사업을 전개한다. 디자인의 시점에서 일본을 안내하는 가이드북 《D Design Travel》을 발간하는 등 활발한 활동을 전개하고 있다.
* **프레더릭 로 옴스테드(1822~1903)** 미국 조경가이자 도시계획가. 미국 조경계의 선구자로, 공식적으로 '랜드스케이프 아키텍트'라는 이름으로 불린 최초의 인물이다. 뉴욕 센트럴 파크 설계자로도 유명하다.

소개되었다는 것이 그 원인이 아닐까 싶습니다. 모더니즘에 한계가 있다는 것은 많은 사람들이 지적해온 사실이니까요. 거기에 관련해 탈구축주의와 신지역주의, 문맥주의, 역사주의 등 모던을 초월하기 위한 것들이 여러모로 소개되었지요(언젠가 이야기하고 싶은 테마 중 하나인 *프로그램 지상주의도 이즈음에 등장했습니다). 그중 환경주의의 하나로 랜드스케이프 디자인이 소개되었던 것 같습니다.

그런데 우리는 그 많은 것들이 장황하게 소개되는 과정이 끝나고 일본에서도 실제 작품이 몇 개 완성되어 그 결과를 보러 갈 수 있게 된 다음에야, 건축이나 랜드스케이프 디자인을 배우게 된 세대입니다. 따라서 포스트모던의 여러 가지 작품을 현지에서 실제로 접하다 보면 '정말로 이게 괜찮은 걸까?' 하는 기분이 드는 거죠. 이누이 씨가 예로 든 피터 워커나 에밀리오 암바츠가 설계한 공간에 저도 몇 번인가 발을 들여놓은 적이 있었습니다만, 왠지 결정적인 것이 빠진 듯 공허한 느낌을 받은 기억이 나는군요.

이를테면 뉴타운을 건설하면 거기서 이벤트가 이루어지는 것을 상상하며 그 중심부에 반드시 광장을 만들지만, 막상 만들고 나면 거기에는 비둘기만 몇 마리 날아와 앉아 있을 뿐 사실상 아무도 들어오지 않습니

---

* **아메리칸 랜드스케이프(American Landscape)** 미국 랜드스케이프 디자인의 실천. 특히 근대 이후의 랜드스케이프 디자인을 가리키는 단어로 쓰일 때가 많다. 가렛 에크보, 대니얼 케일리, 제임스 로즈에서부터 피터 워커, 조지 하그리브스 등의 기획이 유명하다. 격자 혹은 스트라이브 등의 무늬를 많이 사용하며 땅에 모양을 그리는 듯한 디자인이 많다.
* **프로그램 지상주의** 건축의 형태를 쇄신하기 위해서는 그 용도(프로그램)를 바꾸어야 한다는 사고방식. 이런 사고방식이 더 심화되면 건축 형태를 특징짓기 위해 일부러 기묘한 프로그램을 생성하게 되는 경우도 있다.

다. 한적하고 아련한 느낌도 나쁘진 않습니다만, '내가 만들고 싶었던 것은 이런 게 아니었는데' 하는 생각이 들죠.

도로나 하천에도 비슷한 느낌의 공간이 굉장히 많습니다. 보도를 조금 넓혀서 그곳에 돌 벤치나 테이블을 놓습니다. 하지만 앉으려고 해도 여름 햇빛이 너무 강하게 쏟아지는 탓에 의자가 뜨거워서 앉을 수가 없습니다. 겨울에는 그런대로 따뜻해서 앉을 만하지만 공기가 너무 차가워서 견딜 수 없습니다. 또 그런 것들을 참고 앉아 있어봤자, 보이는 것은 정신없이 지나다니는 자동차뿐입니다.

*'어메니티'라는 단어를 사용하게 되면서, 도시의 쾌적함을 증가시키려는 움직임이 늘어나고 있습니다. 기능을 채움으로써 제 할 일을 다했다는 식의 공간 만들기(모더니즘)를 초월해보자는 취지는 충분히 이해합니다. 하지만 우리는 그 결과가 보이는 시대에 설계를 배웠기 때문에, 원하든 원하지 않든 이론과 실천의 거리를 냉정하게 판단하며 살아왔습니다. 눈앞의 실태와 설계자가 예전에 말한 이론을 동시에 보는 것이 가능하니까요. 그렇기 때문에 거기에 무엇이 결여되었는지 잘 보였던 겁니다.

제가 거기서 본 것은 '생활자生活者에게 직접 관여하지 않는다'는 설계자의 태도였습니다. 뭔가를 엄청나게 두려워하는 것처럼, 거기서 생활하는

---

* **어메니티(amenity)** 환경 등의 편안함, 쾌적함. 방 배치나 설비 등 건물의 기능에서뿐만 아니라 디자인, 주위 환경, 사회적 조건까지 포함한, 생활과 연결된 환경 전반의 편리성과 쾌적함을 말한다.

사람들과 대화도 하지 않고 의견도 구하지 않습니다. 그러면서도 항상 생활자가 무엇을 원하는지 상상하고 결정하고 선회해서 공간화해버립니다. 하지만 그것은 당연히 뭔가가 조금씩 어긋나 있어서 생활자는 그런 건 원하지 않았다고 생각하기도 하고 세금을 낭비했다고 느끼기도 합니다.

말하자면, '그렇다면 직접 대화를 하면 되잖아' 하는 생각이 들게 만든다고나 할까요. 그게 공원이나 광장을 설계하는 랜드스케이프 디자인이건 도로나 하천을 설계하는 토목 디자인이건 말이죠.

*경관 디자인이라는 분야는 사실 조경이나 토목이나 건축 측면에서 보면, 순간적으로 새로운 빛을 발견했다고 평가받는 분야였습니다. 경관 디자인을 두고, 조경은 랜드스케이프 디자인, 토목은 *그랜드 디자인, 건축은 *어번 디자인이라는 이름으로 각각의 공간을 취급할 게 아니라, 모든 것을 포함해 널리 경관을 생각해서 설계한다'는 태도를 보여주기 시작한 것이었으니까요.

하지만 저는 그런 생각에 약간 거부감을 가지고 있습니다. '경관 디자인'이라니, '경관'이란 건 누군가가 디자인할 수 있는 것이 아니라는 생각에서 오는 거부감입니다. 같은 이유로 '커뮤니티 디자인'이라는 단어에도 거

---

* **경관 디자인** 환경을 보는 방법을 설계하는 것. 대상 자체의 설계뿐 아니라 시점과 대상, 대상과 대상이 있는 장소의 관계, 시점 장소의 설계 등 관계의 디자인이 포함된다는 점에서, 기존의 공간 디자인과 구별된다.
* **그랜드 디자인**(grand design) 장기적 구상에 기초한 대규모의 종합 계획.
* **어번 디자인**(urban design) 건축, 거리, 광장, 녹지 등 도시 공간의 구성 요소 형태에 주안점을 두고 도시를 계획, 설계하는 것. 근대 이래로 주류가 된 기능 편중의 도시계획(시티 플래닝)에 이의를 제기하며, 도시 공간을 종합적으로 보는 것이 특징이다.

부감을 갖게 됩니다. 혹은 '소셜 디자인'이라는 단어도 마찬가집니다. 공동체(커뮤니티)도 랜드스케이프(경관)도 소셜(사회)도 누군가가 디자인하는 것이 아니라, 자연스럽게 거기에 존재하는 것이라고 생각하기 때문입니다. 그러니까 만일 무엇인가를 디자인할 수 있다고 해도 그것은 계기일 뿐이라는 느낌이 듭니다. 이 점에 대해서는 나중에 다시 자세히 이야기 나누도록 하죠.

이런 이런, 옴스테드 이야기도 핼프린 이야기도 전혀 하지 못했네요(웃음). 사회가 부여하는 과제에 맞서는 옴스테드의 이야기는 상당히 흥미진진합니다. 그것에 대해서는 다음에 꼭 다시 자세히 이야기하고 싶습니다. 옴스테드의 태도는 르 코르뷔지에(1887~1965)의 태도와도 닮은 점이 있습니다. 바꿔 말하면 지금 옴스테드가 이 시대에 살았다면 과연 공원을 디자인했을까, 르 코르뷔지에가 지금 살아 있다면 건축을 지망했을까, 하는 문제로 연결해 생각해볼 수도 있겠군요. 사실 제가 옴스테드를 존경하는 이유는, 이 시대에 모자란 것이 무엇인지를 파악하고 그것을 드러냄으로써 사회적 과제를 해결하려고 하는 태도 때문입니다.

핼프린도 마찬가지입니다. 레노베이션, 주민 참여, 에콜로지컬 디자인 등, 현대적인 디자인 과제를 모두 수행하려고 했다는 점이 대단히 훌륭하다고 생각합니다. 심지어 질투하기도 합니다. 그가 만든, 너무나 탁월한 *모테이션 이론이나 *RSVP 사이클 등을 살펴보면, 자신이 직접 여기저기 돌아다니면서 조사한 것들을 어떻게 기술하고 설계에 반영하는지, 그가 얼마나 고심하고 연구했는지, 그 수고가 그대로 느껴집니다. 이것들은 아마도 그가 하버드대학교 학생이었을 때부터 흥미를 가진 대상인 것 같습니다. 그는 고작 2주일 동안 아르바이트했던 *처치 사무소에서 이미 동적인 시점 변화에 근거한 정원 디자인을 고안했다고 하니까요. 그런 의미에서는 일본 정원 디자인 기법과 비슷한 감각을 지닌 디자이너라는 생각도 듭니다.

브루니에와 웨스트 8, 필드 오퍼레이션의 *제임스 코너에 대해서도 이야기하고 싶은 게 아주 많습니다. 흥미로운 점은 이 모든 것들이 핼프린 이야기와 연장선상에 있다는 것입니다. 이누이 씨가 불신감을 가지고 있는 아메리칸 랜드스케이프에서 벗어나, 본래 해야만 하는 것을 하고 있는 랜드스케이프 디자이너가 조금씩 늘어가고 있는 것은 기쁜 일입니다. 그리고 저는 그런 시도 중 하나를 핼프린이 진행하고 있다고 생각합니다. 이런 신세대 랜드스케이프 디자이너들이 등장하면서 표층의 형태를 조작하는 데 머물지 않는 공공 공간의 디자인이 실현된 것이죠. 그리고

* **모테이션(motation) 이론** 도시 공간에서 이루어지는 사람들의 움직임을 표기하는 방법. 모테이션은 핼프린이 만들어낸 조어造語로 모션(motion, 움직임)과 노테이션(notation, 표기법)을 조합해 만든 단어다. 관찰자 자신이 계속 움직이면서 마찬가지로 움직이는 대상을 표기한다는 것이 특징이다.
* **RSVP 사이클** 리소스(R:자원), 스코어(S:악보), 밸류 액션(V:평가와 대책), 퍼포먼스(P:활동)를 필요에 따라 바꾸면서 설계를 검토하는 디자인 기법.
* **토머스 처치(1902~1978)** 미국의 조경가이자 정원 작가, 랜드스케이프 아키텍트. 미국의 랜드스케이프 디자인의 기능과 역할에 대한 기초를 만든 인물이다. 대표작으로 '도넬 공원'(1948) 등이 있다.
* **제임스 코너(1963~)** 미국의 랜드스케이프 아키텍트이자 뉴욕에 거점을 둔 랜드스케이프 컨설턴트. 필드 오퍼레이션을 주관했다. 대표적인 기획안으로는 '다운즈 뷰 파크'(2000), '프레시 킬즈 공원'(2001), 실제 작품으로는 '하이라인'(2009) 등이 있다.

관련 서적의 출판에 대해 말하자면, 그것 또한 이런 현상들이 바로 '다시 한 번 랜드스케이프 디자인의 계보를 독해해보자'라는 마음으로 연결되어, 관련 서적이 몇 권이나 간행되는 계기가 된 것이 아닌가 싶습니다.

아아, 쓰다 보니 한이 없네요. 오늘은 이즈음에서 마무리하겠습니다. 얘기하고 싶은 건 아직 산더미 같습니다. 누벨, OMA와 *AMO, '라 빌레트', 《시간 속의 건축》. 아직 옴스테드나 핼프린 이야기도 제대로 못했는데 말이죠(웃음). 하지만 오늘 쓴 이야기만으로도 커뮤니티 디자인 이야기의 입구에 와 있는 듯한 느낌이 듭니다. 그럼 일단 여기서 인사드리지요.

2011년 7월 8일

야마자키 료

---

* **AMO** 1998년에 렘 콜하스가 설립한 싱크탱크. 건축 설계 조직 OMA와는 대조적인 존재로, 현대사회의 다양한 과제를 '건축적 과제'에 따라 풀어나가는, 기존 개념에 얽매이지 않는 활동을 전개하고 있다.

《시간 속의 건축》
(모센 모스타파비 & 데이비드 레더배로 지음,
구로이시 이즈미 옮김, 가지마출판사, 1999)

이누이 구미코의 두 번째 편지

2011.7.15

야마자키 님께

생활에 관여하지 않는 남자
중학생 같은 건축가

어제 노베오카에서는 고생 많으셨습니다. 편지를 주고받는 동시에 실제 야마자키 씨와도 만나다니, 나름대로 신기한 경험이네요(웃음).

답장 잘 읽었습니다. 여러 가지 화젯거리가 쓰여 있더군요. 디자인 이론과 실천 사이의 괴리, 생활자에게 다가가려 하지 않는 겁 많은 설계자, 경관 디자인(랜드스케이프보다 더 상위개념이더군요)에 주목할 때의 분위기, 옴스테드, 핼프린, 그리고 그 핼프린을 잇는 브루니에 등…. 한 통의 편지에 이렇게나 많은 화젯거리를 폭넓게 담으시다니오! 저도 그렇긴 하지만 열정이 좀 과한 것 아닌가요?(웃음) 야마자키 씨가 말씀하신 화제는 각각 다른 분야이면서도 굉장히 흥미진진해서, 앞으로 조금씩 꺼내서 내용을 심화하면 좋을 것 같습니다.

우선 제 흥미를 끈 건, 야마자키 씨의 설계자관觀입니다. 특히 '생활자에게 직접 관여하지 않는다'라는 문구가 인상적이었어요. 귀가 아플 정도로 들어온 말이지만, 오히려 코믹하게 느껴질 정도로 설계자의 두려움이나 커뮤니케이션 능력 부족을 신랄하게 지적하셨더군요. 자학적인 분석이기도 하지만, 좋아하는 여자아이에게 어떻게 접근해야 할지 몰라 헤매는 남자 중학생 같은 느낌이랄까요. 다양한 상상력을 동원하고 망상을 부풀려 열심히 노력하긴 하지만, 그 생각은 남자아이의 머릿속에 떠오른 것일 뿐, 여자아이가 원하는 세상하고는 달라 아무리 시간이 지나도 사랑을 얻을 수는 없을 것 같은 느낌 말입니다(웃음). 아아, 이렇게 써놓고 나니 좀 부끄럽군요. 하지만 지적해주신 남자 중학생적인 공상은 비단 랜드스케이프 디자인만의 문제는 아닙니다. 건축 설계도 같은 상황에 빠져 있는지도 모르겠습니다.

근대 시대의 건축과 토목 등의 건설에서는, 문제를 해결하고 동경하는 것을 구현하고 시대와 함께 사회의 가능성을 열어놓는 방식을 통해, 설계자를 믿는 것이 가능했습니다. 또 '기능을 채울 뿐'이라고 비판받는 모더니즘에 대해 말하자면, 기능성에서 비롯된 아름다움과 쾌적함을 추구하고, 그것은 '일단' 사회적으로 인정은 받았다고 생각합니다. 하지만 모더니즘적 아름다움과 쾌적성이 실제로는 생활자의 현실적인 문제와 많이 어긋나 있다는 것이 서서히 드러나면서, 미국에서 *프루트 아이고 단지 철거 등의 사건이 일어나 두고두고 상징적으로 회자되었지요. 하지만 문제는, 이미 막다른 길에 다다르는 경험을 했음에도 경제적인 이유를 들어, 근대가 만들어낸 오피스 빌딩이나 집합주택 등이 그 이후에도 계속해서 양산되었다는 점입니다. 그것은 일종의 기술 과잉이라고 말할 수 있을지도 모르겠네요. 결과적으로 그 때문에 생활자는 방치되곤 했죠.

물론 이런 생활자의 소외는 비단 건축만의 문제는 아닙니다. 공학, 의학 등 다양한 분야에서 동시에 진행되고 있습니다. 그 때문에 건설만 예로 들어 자아비판하는 것은 잘못일지도 모릅니다. 이 문제에 대해서는, 건설뿐만이 아니라 다른 사회문제를 해결하기 위해 필요해진 '워크숍'이란 방식을 알아두면 좋겠네요.

어차피 건설계의 사정(항상 한쪽에서는 비판을 계속하지만 다른 한쪽에서 기술 과잉이 멈춰지지 않는 사정)으로 점점 커져만 가는 차이를 좁히기 위해서, 건축

* **프루트 아이고 단지 철거** 미국 세인트루이스에 있던 주택단지로 1951년에 세인트루이스 슬럼가를 부수고 새로 세웠다. 건축가 미노루 야마사키가 설계해 1956년에 완성했는데, 이후 단지 자체가 슬럼화되고 범죄의 온상이 되는 등 환경이 현저히 악화되면서 입주자가 격감해 1972년에 폭파 해체되었다. 이 단지를 폭파 해체한 날은 '모더니즘 건축 종언의 날'로 인식되고 있다. (사진 출전 : Charles A. Jencks, The Language of Post-Modern Architecture, Fifth Revised Enlarged Edition, Rizzoli, 1987. p.9)

은 '디자인', 토목과 랜드스케이프에서는 '어메니티'라는 단어를 동원했습니다. 하지만 사실상 그 단어를 구현하는 수단으로써 개발된 것들은 지금 와서 생각해보면 부끄럽기 짝이 없는 비참한 아이템일지도 모르겠습니다. 디자인이나 어메니티는 결국 단순한 장식이 되었고, 그 장식도 또다시 기호적인 것만 선호되었기 때문입니다. 그런 디자인이나 어메니티들을, 비유적인 표현이긴 합니다만, 모더니즘이 만들어낸 완고한 프레임 위에 덕지덕지 붙인다고 해서 제대로 돌아갈 리가 없지요.

이런 상황에서는 비판받는 게 마땅한 일일까요? 이 경우 보통은 설계자들이 비판의 대상이 되겠죠. 설계자들은 다양한 이유로, 즉 절차 미숙, 만드는 방법 등 여러 방면에서 지적받아왔습니다. 하지만 저는 적어도 일본에서는 생활자와 설계자는(더 나아가 발주자까지도) 공범이라고 생각합니다. 우리는 어떤 이유에선지, 과제를 가제트(gadget : 소도구, 장치, 도구 등의 의미-옮긴이), 즉 소도구로 해결하곤 합니다. 과제를 근원적인 시스템을 변경해 해결하지 않고 약간의 궁리로 막아서 참고 때우고 연장하는가 하면, 일부러 그런 수단을 선택하기도 합니다. 집 안을 한번만 둘러봐도 그 사실을 금방 알 수 있습니다. 거실도 그렇고 부엌도 그렇고 목욕탕도 그렇고, 생활의 작은 불만을 해소하는 소도구로 넘쳐나니까요. 우리는 어느새 그것들을 이용하는 생활이 풍요롭다고 믿게 된 거죠(이런 상황에 대해 만화가 *이즈미 마사유키가 《멋진 스키야키》 등에서 자조적으로 예리하게 묘사하여 한 세대를 풍미했던 기억이 납니다. 불현듯 옛날 생각이 나네요). 이런 본질적인 해결을 뒤로 미루려는 '소도구 신앙'이 너무나 자연스럽고 보편적으로 우리 생활에 스며들었기 때문에, 건축이나 랜드스케이프에서도 어떤 종류의 편의적인 쾌적함을 디자인이나 어메니티라는 이름으로 소도구를 통해 추구해온 게 아닌가 하는 느낌이 듭니다. 어쩐지 건축이란 게 참 쓸모없는 것처럼 느껴지네요.

생각이 있는 설계자들은 이 공범 관계를 계속해서 비판해왔습니다. 그들은 이 편의적인 쾌적성을 규탄하고 '진짜' 쾌적함과 풍요로움을 추구하면서 더 나아가 모더니즘을 극복하기 위해 오로지 이론을 갈고닦음으로써 그 비판 정도를 높였습니다. 야마자키 씨의 편지에 리스트 업 되어 있는 다양한 활동은 그 노력의 일부겠지요. 그런 그들에게 생활자의 의견은 그다지 중요한 게 아니었을지도 모릅니다. 설계자에게 생활자란 '소도구 병'이라는 전염병에 걸린 사람이어서 치료 대상으로만 생각하기 때문입니다. '생활자에게 직접적으로 관여하지 않는다'는 태도는 그런 사고방식과 함께 생겨난 것이라고 멋대로 상상하고 있는데, 제 생각이 맞

* **이즈미 마사유키** 이즈미 하루키(1955~ , 작화 담당)와 구스미 마사유키(1958~ , 원작 담당)로 구성된 만화가 콤비. 대표작으로 《멋진 스키야키》(1983) 등이 있다. 사진은 《멋진 스키야키》(이즈미 마사유키 지음, 세이린도, 1983).

는지요? 따라서 그들의 사상은 근본적으로 잘못된 것은 아니었다고 생각합니다. 적어도 저는 그렇게 믿고 싶습니다. 하지만 어쩌면 전략이 잘못되었고, 전술까지 너무 허술했는지도 모릅니다. 옆에서 보기엔 결과적으로 다시 한 번 기술 과잉이 반복되는 게 아닌가 싶은 상태에 이른 것 같으니까요.

어이구, 또 너무 길어졌네요.(웃음). 얼마 안 남았으니 조금만 더 참아주세요. 마지막으로 하고 싶은 말은 건축과 랜드스케이프의 좀 더 구체적인 사정입니다. 두 분야에서 모든 사람들이 다 '생활자에게 관여하지 않는다'는 태도를 취하는 건 아니잖아요. 대표적으로 건축 분야에서는 *크리스토퍼 알렉산더나 *뤼시앵 크롤이 그렇고, 랜드스케이프 분야에서는 핼프린이 그렇지요. 또 도시 분야에서 보면 *케빈 린치도 있습니다. 그들은 소외된 생활자의 의견을 어떻게 반영할 수 있을까에 대해 신중하게 연구하고 논리를 세우고 실천했습니다. 하지만 상당히 다른 결과가 나왔지요. 알렉산더의 경우, 이론은 지금도 반짝반짝 빛나지만 실천은 사람들의 실망을 사고 말았습니다. 그 때문에 건축 설계에 주민 참여를 가미하는 초창기의 가능성이 배제되고 만 것 같은 느낌마저 듭니다. 주민 참여를 금기시하는 듯한 시기가 온 거죠. 하지만 핼프린

---

* **크리스토퍼 알렉산더(1936~)** 비엔나 출신의 도시계획가이자 건축가. 건축과 환경을 합리적으로 디자인하기 위한 이론 '패턴 랭귀지(a pattern language)'를 제창했다. 건축가의 독선에 좌우되지 않는 전원 참여형 설계 방법으로 에이신학원 히가시노 고등학교(1984)를 설계했다. (크리스토퍼 알렉산더가 이 이론을 바탕으로 쓴 책《A Pattern Language》가 우리나라에서도 번역 출간되었다. 《패턴 랭귀지 : 도시·건축·시공》, 인사이트, 2013)

* **뤼시앵 크롤(1927~)** 벨기에 출신의 건축가. 설계에 학생의 의견을 반영한 '루반가톨릭대학 의학부 학생 기숙사'(1978)는 주민 참여형 디자인의 고전이라고도 말할 수 있다. 저서로《참여와 복합-건축의 미래와 그 구성 요소》(1990) 등이 있다.

은 달랐습니다. 그가 남긴 작품의 높은 질은 랜드스케이프를 지망하는 사람들에게 엄청난 희망을 주었습니다. 이 둘의 차이는 실로 하늘과 땅 차이더군요. 한쪽은 실패하고 다른 한쪽은 성공한 이유에 대해서는, 기회가 주어진다면 다시 이야기해보고 싶습니다. 아무튼 어차피 야마자키 씨라는 존재가 건축 분야에서가 아니라 랜드스케이프 분야에서 등장한 이유도 이와 관련된 이야기와 연결되어 있지 않을까 하는 생각이 드네요. 어떤가요?

흐음, 너무 많이 썼다는 비판으로 시작한 주제에 오히려 제가 더 많이 써버렸군요. 처음부터 이렇게 무리하게 막 달리면 중간에 숨이 턱까지 찰 텐데 말이죠(웃음). 그래도 그거야 그때 생각하면 되고, 그때 가면 또 무슨 방도가 있겠지, 하고 편하게 생각하렵니다.

2011년 7월 15일

이누이 구미코

---

* **케빈 린치(1918~1984)** 미국의 도시 설계가. 저서 《도시의 이미지》(1960)에서는 보스턴과 LA 등에서 이루어진 앙케트를 기초로 해서 도시 이미지를 결정하는 요소로 패스(길), 에지(모서리), 디스트릭트(지역), 노드(결절점), 랜드마크(표지) 등 다섯 가지를 들어 도시의 '이미지 이해도'의 중요성을 설파했다.

야마자키 료의 두 번째 답장

2011.7.16

이누이 님께

생활에 관여하지 않는 남자
중학생 같은 건축가

도쿄에서 오사카로 이동 중입니다. 조금 전까지 *하라 히로시 씨의 사무소에서 '미팅 겸 식사 모임', 아니, '식사 모임 겸 미팅'을 했습니다. 하라 씨는 참 재미있는 사람입니다. 끊임없이 식사를 준비하고 있네요(웃음). 햄을 썰고 옥수수를 굽고 소면을 삶아서 순차적으로 회의 테이블로 가지고 오는데, 그 사이에도 계속 *니시자와 다이라 씨가 *이마바리 프로젝트'에 대해 설명하고 있습니다. '이 콤비, 대단한걸' 하는 생각이 저절로 드는군요(웃음). 재미있는 일이 될 것 같습니다.

우선 저의 '너무 긴 편지'에 장단 맞춰 장문의 편지를 보내주셔서 감사합니다. 남자 중학생 같은 건축가라! 제 인상과 아주 완벽하게 일치하는군요. '분명히 여자는 이런 걸 원할 거야' 하고 상상하면서 여러 가지 준비를 하지만 항상 핀트가 어긋나죠. 사실 저는 그런 설계업계에 있다가 어느 순간 더 이상 참지 못하고 '그러면 생활자에게 직접 물어보면 되잖아!' 하는 생각으로 커뮤니티 디자인 같은 걸 겁 없이 시작해버린 케이스입니다. 지금 생각해보면 아주 예전부터 고수해왔던, '그러면 여자에게 직접 물어보면 되잖아' 하는 사고방식을 이제 와서 실천하고 있는 셈이랄까요. 한편 이누이 씨가 지적하신 대로 건축계와 랜드스케이프계의 주민 참여 사례에 차이가 있다는 것도 제 인생에 영향을 주었다고 볼 수 있습니다.

* 하라 히로시(1936~) 일본 건축가. '다사키미술관'(1986), '야마토 인터내셔널'(1987), '우메다 스카이 빌딩'(1993), '교토 역 빌딩'(1997) 등 다수의 대표작이 있다.
* 니시자와 다이라(1964~) 일본 건축가. 주요 작품으로 '다치가와' 하우스'(1997), '오타 하우스'(1998), '순푸 교회'(2008) 등이 있다.
* 이마바리 프로젝트 이마바리 시빅 프라이드 센터에서 의뢰했고 studio-L이 관련되어 있는 항구 재생 프로젝트. 현재 시민과 함께 항구를 즐기는 장소로 만들자는 주제로 워크숍을 반복하고 있다. 항구 랜드스케이프 디자인과 건축 디자인으로 하라 히로시와 니시자와 다이라가 참여하고 있다.

크리스토퍼 알렉산더가 자신의 세계관(말하자면 중세 유럽 공간 구성)을 패턴화해 그것을 구체화한 건물들이 모두 포스트모던 다음 세대를 노리는 건축가들에게 실망을 안겨주었다는 사실이, 비록 부정적 의미지만 제게는 임팩트로 작용했거든요. 크롤의 건축도 다양한 양식을 펼치는 것으로 보였고, 무어의 주민 참여가 핼프린의 재탕으로 보인 것도 불행한 일이었다고 생각합니다. 랜드스케이프 분야에서 보자면 핼프린이 주민 참여 프로세스를 정밀하게 디자인한 덕분에 결과적으로 완성된 공간의 높은 질을 보장하게 되었죠. 이것은 정말 매우 행복한 일이 아닐 수 없습니다. 그 덕분에 주민 참여 알레르기 같은 것을 부채질하는 일이 없어졌다고 말할 수 있을 정도니까요.

이누이 씨와 처음으로 *긴자 심포지엄에서 만났을 때도 했던 말인 것 같은데, 저는 '주민 참여로 설계를 진행하면 디자인의 질이 낮아진다'는 것은 편견이라고 생각합니다. 그건 어쩌면 설계자의 변명일 뿐일지도 모릅니다. 내 디자인 능력을 밖으로 꺼내 보인 후 '주민의 의견을 들었기 때문에 내 디자인이 평범해져버렸다'는 식으로 변명을 하는 거죠. 하지만 핼프린이 한 작업들을 하나하나 찬찬히 들여다보면, 조형 능력이 뛰어난 사람이 적절하게 주민의 의견을 반영해 디자인하면 결과적으로 공간이

044

* 긴자 심포지엄 2009년 1월 31일에 긴자의 INAX:GINZA에서 실시한 이벤트(Live Roundabout Journal 2009). 게스트로 나루세 유리+이노쿠마 준, 이누이 구미코, Mosaki, 야나기하라 데루히로, 호진 히사시, Dot Architects, 다쓰야 다케유키, 야마자키 료, 하라다 마사히로, 이시가미 준야, 후지모토 소우 등이 참여했다.

한층 더 탁월해진다는 사실을 자연스럽게 이해할 수 있습니다. 그러니까 완전히 반대죠. '주민의 의견을 들었으니까'가 아니라 '주민의 의견을 들었는데도' 이렇게 평범한 디자인이 나오다니 나는 왜 이렇게 한심한가, 하고 생각해야 한다는 겁니다.

주민 참여 방법에 대해서는 다양한 착각이 있는 것 같습니다. 건축물의 색채나 형태에 대해 주민들에게 의견을 구한다면 제각각 완전히 다른 의견이 나올 테고, 결국 모든 의견을 뭉뚱그린 듯한 이상한 디자인이 나오는 것이 당연합니다. 그것은 설계자에게도 생활자에게도 다 불행한 결과를 초래하겠지요. 설계자는 색채나 형태를 결정할 수 있는 전문가이며, 생활자는 그 장소를 사용하는 전문가입니다. 서로에게 익숙한 부분을 워크숍에서 맞춰볼 필요가 있죠. 따라서 생활자에게는 액티비티에 대한 의견을 들어야 합니다. 일본풍이 좋으냐 서양풍이 좋으냐, 붉은색이 좋으냐 푸른색이 좋으냐, 하는 것들을 생활자에게 물어서는 안 됩니다. 그 점을 정리하지 않고 물으면 이것저것 부가적인 잡동사니나 소도구만 잔뜩 요청받게 됩니다. 남자 중학생 같은 건축가는 그 잡동사니 얘기만 들은 탓에, 생활자가 정말로 원하는 것은 제대로 이해하지도 못하고, '봐, 역시 생활자에게 이야기를 들어도 아무것도 안 나오잖아. 애당초 의견

같은 걸 묻는 게 아니었어' 하는 결론을 내리고 맙니다. 정말 안타까운 일이죠.

우선 워크숍의 형식을 생각할 필요가 있습니다. 누가, 어떤 방법으로, 어떤 의견을 물어야 하나, 원하는 것이 무엇인가, 디자인을 결정하기 위한 소재도 포함시킬 것인가, 참여한 사람들을 조직화할 것인가 등의 목적을 매우 정밀하게 정리할 계획이 필요한 것입니다. 하지만 건축가나 랜드스케이프 디자이너가 워크숍을 진행하면, 아무래도 공간에 대한 단어로 대화를 하기 때문에 참여하는 사람들도 바로 특정한 형태의 공간을 요구하게 됩니다.

그건 "나는 건축가입니다. 여러분, 뭐든지 물어보세요" 하는 식으로 이야기를 하기 때문에 생기는 문제입니다. 제가 스스로를 '만들지 않는 디자이너'라고 말하게 된 이유 중 하나도 비슷한 이유에서입니다. 생활자에게 '이 사람은 만드는 사람이 아니군. 그러니까 공간이랑 설비 쪽 이야기는 해봤자 소용없겠어' 하고 생각하게 만드는 것이 중요합니다. 자세히 이야기를 나눌 수 있는 부분을 정리하지 않으면, 하고 싶은 말을 끌어낼 수 없거든요. 그 때문에 워크숍에서는 '나는 건축이나 랜드스케이프 디자인에 대해서는 자세히 알지도 못하고, 그것은 그 분야의 전문가에게 맡겨

야 한다'고 이야기를 합니다. 노베오카에서 *나이토 히로시 씨와 이누이
씨와 협업할 때도, 이마바리에서 하라 씨나 니시자와 씨와 협업을 할 때
도, 제 입장은 항상 똑같습니다. 그리고 그것은 마루야 가든즈에서 나
가오카 겐메이 씨와 *다케우치 마사요시 씨와 협업했을 때도 마찬가지였
습니다.

하지만 실제로는 건축과 랜드스케이프 디자인에 대해 약간은 알고 있기
때문에, 생활자의 액티비티를 설계자가 참고하기 쉽게 정리하는 방법을
생각하면서 워크숍을 진행할 수 있습니다. 그러므로 당치도 않은 의견
을 그대로 설계자에게 전달하는 일은 없습니다. 극단적인 의견이 나온다
면 다시 한 번 워크숍에서 많은 사람들과 그 의견을 다양하게 다룹니다.
그러다 여러 의견 중 공통되는 요소를 발견하면 그것을 설계자에게 전
달하려고 노력합니다. 그것이 우리의 역할이라고 생각하기 때문입니다.

이 이야기는 제가 '디자인 워크숍'이라고 부르는 워크숍을 진행할 때 포
인트를 두는 부분입니다. 하지만 워크숍의 목적은 디자인만이 아닙니다.
워크숍에 모인 사람들을 팀으로 묶어 계획의 추진력이 되도록 이끄는 '주
체 형성 워크숍'도 중요합니다. 이런 측면을 어떻게 디자인 워크숍에 녹아
들게 할지 고민하는 과정에 '참여 디자인'의 진정한 묘미가 있는 게 아닐

* **나이토 히로시(1950~)** 일본 건축가. '바다의 미술관'(1992), '마키노 도미타로 기념관'(1999) 등 다수의
대표작이 있다. 노베오카 역 주변 정비 프로젝트에서는 디자인 감수자 심사위원회 위원장을 지냈다.
* **다케우치 마사요시(1962~)** 일본 건축가. 미캉구미 공동 대표, 가고시마 백화점, 마루야 가든즈의 레노
베이션을 담당했다. 저서로 《미래의 주택》(2009), 《원폭과 건축가》(2012) 등이 있다.

까 싶습니다. 아, 또 길어지네요. 나머지는 다음 기회에 말하도록 하죠. 디자인에 대해 서로 이야기하면서 그 장소에서 살아가는 사람들과 신뢰를 쌓기 위해 어떤 조직이 필요할까, 그런 것들을 생각하다 보면 너무 즐거워서 그만 잠자는 걸 잊어버리기도 한답니다(웃음).

덧붙여 말하자면 저의 석사 논문은 케빈 린치의 속편이었습니다. '도시는 이해하기 쉬워지는 것만으로 사람들의 애착을 손에 넣고 있는가?'라는 테마였지요. 이것은 *도널드 애플야드 등으로 연결되는 테마이기도 합니다. 그런 의미에서는 저의 흥미가 한신·아와지 대지진 이래로 '만드는 것과 만들지 않는 것'의 관계성으로 옮겨 간 것 같기도 합니다.

그럼 이만!

2011년 7월 16일

야마자키 료

---

* **도널드 애플야드(1928~1982)** 캘리포니아대학 버클리 캠퍼스 도시디자인과 교수. 《The View from the Road》(1964, 케빈 린치와 공저)에서 도로 교통과 경관의 상관관계를 분석했으며, 1981년에는 '살기 쉬운 도로(Livable Streets)'를 제창했다.

이누이 구미코의 세 번째 편지

2011.7.23

야마자키 님께

주민 참여 디자인에서 궁금한 건

'누가?'와 '무엇을?'

단 하루 만에 답장을 써주셨군요. 이동 중에 쓰신 것 치고는 내용도 굉장히 충실하더군요. 왕복 서간을 쓴 지 세 번 만에 벌써 핵심을 건드린 듯합니다. 괜찮을까요? 나중에 할 말이 없어지면 어쩌죠?

주민 참여에 대한 오해. 그건 바로 저를 콕 집어 지적하고 있더군요(땀). 맞아요. 야마자키 씨의 편지에서도 확실하게 언급했지만 몇 년 전 *후지무라 료지 씨가 주관하는 심포지엄 'Live Roundabout Journal 2009'에서 처음으로 함께했을 때, 저는 그 오해를 풀려고도 하지 않았으니까요. 디자인 설계자의 아집을 그대로 드러내 보인 주민 참여에 대한 불신에 대해 사과하지도 않았고요. 그때는 정말로 실례가 많았습니다. 하지만 그때 일을 떠올려보면 이 왕복 서간은 그때의 한풀이를 하기 위해 시작된 게 아닌가 하는 의심이 드는데요?(웃음). 왜 저와 편지를 주고받으려고 생각하셨는지 아직도 신기하지만, 혹시 '쓸데없이 건방진 이누이의 코를 납작하게 해주겠어' 하는 마음 때문인가요?(웃음). 저는 어릴 때부터 새로운 것에 대해 의심을 굉장히 많이 했습니다. 보수적이기도 하고 사물의 혁신성에는 좀처럼 다가가지 못하는 편이죠. 그래서 당시에는 야마자키 씨의 시도를 제대로 이해할 수 없었습니다. 지금은 충분히 반성하고 있답니다! 게다가 이 왕복 서간을 통해 야마자키 씨의 매력을 자세히 알

---

* 후지무라 료지(1976~) 일본 건축가. 주요 건축 작품으로는 'Building K'(2008), '도쿄 교외의 집'(2009), '창고 집'(2011), 주요 저서로는 《1995년 이후》(2009), 《ARCHITECT 2.0》(2011), 《3·11 후의 건축과 사회 디자인》(2011) 등이 있다.

아내는 것이 저에게 주어진 임무라는 것을 충분히 이해하고 있으니, 공격은 하지 마시길 바랍니다. 주눅 들어서 일하기 싫어지니까요(웃음).

야마자키 씨가 제안하는 주민 참여에 대한 핵심은 '주민 참여 그 자체를 디자인해야 한다'는 것이더군요. 워크숍 방법론에 대해 이야기하는 것은 특별한 것은 아닙니다. RSVP 사이클, *심리극, *연극 워크숍, *KJ법 등이 있다는 것은 워크숍 해설서를 읽으면 알 수 있으니까요. 다만 방법론이란 어디까지나 '어떻게'라는 의문밖에 존재하지 않기 때문에 퍼실리테이터(facilitator : 조력자, 안내자, 도우미 / 여러 사람이 일정한 목적을 가지고 진행하는 회나 워크숍에서 질 높은 결과를 만들어내도록 도움을 주는 사람-옮긴이)의 지원이 없으면 흥미를 끌기 힘들지요.

또 근본적 의문인 '왜 주민 참여가 필요한가?'에 대해서도 주체 형성, 합의 형성, 현대사회의 소외감 극복, 마을 만들기, 새로운 공동권 형성 등 다양한 의제를 제안할 수 있지만, 그만큼 의논히는 것 자체에 거리감을 느낍니다. 왜 그럴까요?

'왜'를 이렇게 진지하게 논의하는 것에서 나타나듯이 주민 참여 자체를 목적화한 완고함에 반감을 느끼게 되어서일까요? 자기 계발 비슷한 느낌이 드는 게 살짝 무섭기까지 합니다. 하지만 그런 종류의 커뮤니티론

---

* **심리극** 연극 시스템과 기법을 이용한 집단 심리요법이다. 정신분석학자인 제이콥 모레노(1892~1974)가 창시했다. 감독(치료사), 연기자(환자), 보조 자아(조감독), 관객 참여자가 즉흥극을 연기함으로써, 환자가 안고 있는 문제에 대한 이해를 높여 해결점을 찾는다.

* **연극 워크숍** 지역 커뮤니티가 자신을 둘러싸고 있는 문제를 연극으로 표현해 해결하는 것을 목적으로 하는 워크숍 활동이다. PETA(Philippine Educational Theatre Association, 필리핀 교육연극협회)가 시작했다.

* **KJ법** 문화 인류학자 가와키타 지로가 정보를 정리하기 위해 고안한 방법으로, KJ라는 이름은 고안자의 이니셜에서 유래된 것이다. 정보를 취재해 데이터화하고, 그룹별로 정리해 내용을 풀이하고 정리하는 방식이다. 공동 작업에도 자주 이용되며 창조적 문제 해결에 효과가 있다고 알려져 있다.

은 고이즈미 정권의 구조 개혁이 노동시장을 격하게 유동화했다거나 거대 쇼핑센터(mega mall)의 등장으로 지방의 가차 없는 교외화가 진행되는 상황에서, 일종의 무력함을 드러내고 말았습니다.

사회 유동화 자체는 인정하고 싶지 않은 현상이라 해도 우리는 뭔가를 해야 합니다. 그 와중에 필요한 것은 사회 구조의 변화를 촉발하는 합리적이고 윤리적인 사고방식입니다. 따라서 커뮤니티에 대한 논의에서도, 지금까지와 같은 현실에서는 '왜?'라고 물어도 소용이 없다는 걸 알아챌 수 있는 유연한 지성의 소유자가 나타나게 된 것이죠. 야마자키 씨도 그 중 한 명이라고 생각합니다. 야마자키 씨의 공적은 '[왜]도 괜찮지만, [누구와?]와 [무엇을]이 더 중요하지 않아?'라는 새로운 의문을 제기했다는 것으로 이해하고 있습니다. 제 생각이 맞나요? '누가?' 즉 생활자 중 누구에게 물을 것인가, 그리고 결국 생활자에게서 '무엇을' 듣고 싶은가, 하는 논의점을 던진 것이죠. 그 논의를 통해 많은 건축가와 마을 만들기 관계자의 눈을 덮고 있던 갑갑한 비늘이 한 꺼풀 벗겨졌습니다. 저는 그 중에서도 '누구와?'라는 질문에 정말 깜짝 놀랐습니다. '주민 참여=누구나 자유롭게 발언'이라는 전제를 부수고, 사물을 경직되게 만들기 쉬운 평등주의를 배제한 셈이니까요.

이 사고방식은 어느 정도 연배 이상의 사람에게는 통하지 않을지도 모릅니다. 오해를 불러일으킬 소지도 충분히 있고요. 어쩌면 조금 더 정중한 말투가 필요할지도 모르겠습니다. 야마자키 씨가 목표로 하는 것은 불평등성을 용인하는 것이 아니라, 진정한 의미에서의 평등 본연의 자세라고 생각합니다. 생활자 중에는 열정적인 사람도 있지만 냉소적인 사람도 있습니다. 책임감이 강한 사람도 있지만 무책임한 사람도 있겠죠. 전체를 생각하는 사람이 있으면 자신만 생각하는 사람도 있습니다. 또 봉사하려는 마음이 있는 사람과 그렇지 않은 사람으로 갈리기도 합니다. 그런 차이를 무시한 공허한 평등주의에 이의를 제기하고, 그 대신 프로젝트에 보다 신중하게 봉사할 수 있는 사람에게 우선권을 줌으로써 내용적으로 충실한 평등주의를 실천하는 셈이니까요. 이 합리적인 사고 덕분에 주민 참여론에 다가가기 힘들었던 마음이 조금은 사라진 것 같은 느낌이 듭니다. 그런 이유로 엄청난 의심론자인 '이누이 씨'도 셔우 태도를 유연하게 만들 수 있었답니다(웃음).

다음으로 '무엇을'에 대해 살펴보죠. 이 부분에서도 바로 눈이 번쩍 뜨이더군요. 다소 무리가 있어도 그것을 지적하는 것은 망설여온 '주민 참여 마을 만들기=모두 함께 디자인하기'라는 주민 참여 존재 방식을 완전히 부정하고, 내용 없는 평등주의에서 이끌어낼 수 있는 것은 아무것도 없다는 사실을 간파해버렸으니까요. '누구와?'의 경우와 똑같은 논리를 통해, 디자인을 정리하는 데 익숙한 사람과 그렇지 않은 사람이 있을 테니 숙련된 사람에게 우선권을 주는 편이 결과적으로 평등하다고 정리해주신 거죠. 이런 식으로, 야마자키 씨는 우리처럼 조형에 대해 전문 교육을 받은 사람이 스스로 부끄럽다고 생각하는 순간, 통쾌하다고 말할 수 있을 만한 방법으로 구원의 손을 척 내밀어준 셈입니다. 물론 이런 우선권에도, 그 앞에서 책상다리를 하고 뻣뻣하게 앉아 있는 못된 건축가적인 교만까지 용서하시는 건 아니겠죠? 그러니까 우리도 야마자키 씨 앞에서는 확실하게 옷매무새를 가다듬어야 할 것 같습니다. 건축가에 대한 당근과 채찍 이야기는 다음 기회에 하죠.

2011년 7월 23일

이누이 구미코

야마자키 료의 세 번째 답장

이누이 님께

2011.7.27

주민 참여 디자인에서 궁금한 건
'누가?'와 '무엇을?'

오사키카미지마에서 야마자키입니다. 히로시마 현청 직원이 저를 오사키카미지마라는, 세토우치 내해에서 좀 떨어진 섬에서 활동하는 NPO(민간 비영리단체-옮긴이) 관계자분들에게 소개해주어서, 작은 워크숍을 겸한 강의를 하러 왔습니다. 해안 도로를 이용해 큰 섬 세 개를 통과하고 거기서 또 배로 오사키카미지마에 도착했습니다. 여기저기에서 작은 섬들이 얼굴을 내미는 세토우치 내해의 독특한 풍경을 만날 수 있었습니다.

이번 편지는 굉장히 빠르네요. 깜짝 놀랐습니다. 그런데 앞쪽 1페이지는 좀 위험한 거 아닌가요? 이대로 끝날 것 같지 않은데요?(웃음).

지난번 편지부터 조금씩 이야기가 무르익기 시작하네요. 기쁩니다. 아, 제가 처음으로 이누이 씨와 만났을 때를 완벽하게 기억해냈습니다. 확실히 이누이 씨는 그때 설계 의장자로서의 입장을 확실하게 표명하면서 발언하셨지요. 그렇기 때문에 저는 '이 사람은 일반적인 주민 참여론의 문제점을 정확하게 파악하고 있구나' 하는 생각을 했습니다. 주민 참여론의 함정이 어떤 것인지 명확하게 하지 않은 채 그냥 막연히 '참여형 디자인은 좋은 디자인이 될 수 없다'는 생각만 갖고 있는 설계자가 굉장히 많은 데 반해, 이누이 씨는 '참여형 디자인의 어느 부분에 문제가 있으니 나는 그것과 얽히지 않고 오히려 만들고자 하는 것을 내 생각대로 만드는 게 낫

다고 생각한다'는 의견을 확실하게 표명하셨죠. 그 태도를 보고 '이 사람
은 두드리면 뭔가 나올 수 있는 사람이겠구나' 하고 생각했던 기억이 납
니다.

그 일반적인 참여형 디자인의 문제에 대해서는 이누이 씨가 지난번 편지
에 쓰신 그대로입니다. 저도 예전에는 설계자로서 그 부분에 대해 심하
게 회의적이었습니다. 그렇기 때문에 '누구에게' '무엇을' 물을까에 대해
자주 생각했고, 워크숍과 설계를 양립해야 할 때는 참여한 분들과 무
엇을 이야기할 것인지 공유한 다음 대화를 시작했습니다. 지금은 스스
로 설계하는 일이 거의 없습니다만, 이제는 '신뢰할 수 있는 설계자와 함
께 일을 하게 된다면 서로 가능한 것을 잘 맞춰 이상적인 주민 참여 프
로세스를 디자인할 수 있다'는 확신에 가까운 생각을 갖게 되었습니다.
'누구에게 이야기를 들을 것인가에 대해서도 말씀하신 대로입니다. 주민
참여 평등에 대해서 저는 *존 롤스의 '공평성의 원리'를 참고하고 있습니
다. 롤스는 공평하다고 생각할 수 있는 프로젝트의 참여 형태에는 세 가
지 원리가 존재한다고 말합니다. 제1원칙은 스스로 주체적으로 참여하
려는 사람을 모아 프로젝트를 시작하는 것. 제2원칙은 모인 사람들의 의
견을 들으면서 프로젝트를 진행하는 것. 제3원칙은 그 프로젝트를 외부

---

* **존 롤스(1921~2002)** 미국의 정치 철학자이자 윤리학자. 저서 《정의론》(1971)에서 '최대 다수의 최대 행복
실현'을 정의로 삼는 공리주의를 비판하고 그것을 대신하는 것으로, 개인의 자유와 평등에 기초를 둔 '공정
으로서의 정의'를 주장했다.

에서 바라보고 참여하고 싶다고 생각하는 사람이 언제든지 참여할 수 있도록 하는 것. 이 세 가지를 고려하면 공평한 참여 기회를 제공한다고 말할 수 있겠다고 생각했던 거죠.

따라서 저는 프로젝트를 시작할 때는 그 지방의 키맨(key-man)과 많이 만납니다. 키맨은 자치회장 등 지역 연고형 커뮤니티에 한정되는 것은 아닙니다. 오히려 그 프로젝트에서 직접 활약할 것 같은 NPO 대표자나 서클 대표자와 이야기를 나누는 일이 더 많습니다. 그 사람들의 이야기를 가만히 듣고 난 후, 프로젝트의 중요 멤버를 결정합니다. 워크숍을 실행하는 시기에는 그들 중요 멤버가 반드시 참석하도록 하고, 동시에 일반 공모를 통해 참여자를 모집합니다. 중요 멤버와 일반 참여자가 창조적인 토론을 할 수 있도록 만든 다음에는, 프로젝트에 참여하고 싶은 사람을 더 모집합니다. 이때 프로젝트에 늦게 참여하는 사람들은 지금까지 어떤 이야기가 오갔는지 잘 모르기 때문에 소외감을 느낄 수도 있습니다. 그 점을 보완하기 위해 매 회 회의록을 작성하거나 뉴스레터를 발행하거나 블로그에 리포트를 올립니다. 늦게 참여한 사람들도 과거 워크숍에 대해 충분히 이해하고 지금 진행되고 있는 논의에 잘 따라올 수 있도록 조치하는 것이 중요합니다.

이상은 '무엇을(what)' 듣는가와 '누구(who)'에게 듣는가에 대한 이야기였습니다. 마지막으로 '왜(why)' 참여형으로 진행하는가에 대해서도 조금만 이야기해보겠습니다. '왜'를 언급하려면, 일단 이누이 씨의 편지에도 살짝 비쳤던 것처럼 이야기가 아무래도 좌측으로 흘러가기 쉽습니다(웃음). 하지만 제가 참여형 프로젝트의 가장 큰 이점이라고 느끼는 것은 '즐거우니까'라는 이유입니다. 프로젝트에 참여하고 팀을 만들고 신뢰할 수 있는 동료가 생기고 그 사람들과 식사도 하러 가고 여행도 같이 가는데, 이것은 사회운동도 혁명도 아니고, 그냥 즐거우니까 한다는 느낌입니다. 마을 만들기 워크숍을 하면, 거기서 마음이 맞는 동료와 만나고 팀을 꾸리고 프로젝트를 실시하고 감동하고 게다가 다른 누군가에게 조금씩 감사 인사를 받게 됩니다. "당신들 덕분에 마을이 좋아졌어요. 정말 고마워요" 하는 식입니다. 그런 말을 들으면 너무 기뻐서 동료들이랑 한잔하러 가게 되지요. 저도 그럴 때는 같이 우롱차를 몇 잔이나 마십니다.

지적하신 대로 지연형 커뮤니티를 유지하는 것이 어려워진 지역이 상당히 많이 늘었습니다. 지연형 커뮤니티는 어떤 의미에서는 공물을 바치는 시대에서부터 내려오는, 사람들을 묶어놓기 위한 도구였을 테니, 그것을 부활시키려는 참여형 프로젝트는 어쩌면 '즐겁지만은' 않은 게 당연할지도 모릅니다. 또 많은 사람들이 이동하는 사회가 된 지금, 지연형 커뮤니티의 재생을 목적으로 하는 것만으로는 프로젝트가 성립되지 않게 되고, 애당초 즐겁지도 않기 때문에 참여자가 늘 수 없습니다. 어쩌면 더 감소하겠죠. 오히려 지금 많은 사람들이 선호하는 커뮤니티는 테마형 커뮤니티일 겁니다. 취미나 취향이 같은 사람들이 모이는 커뮤니티 말입니다. 그것을 어떻게 공익적인 활동으로 연결할 수 있을까, 혹은 지연형 커뮤니티를 자극하기 위한 매체로 테마형 커뮤니티를 활용할 순 없을까, 이런 것들을 정리하다 보면 분명히 테마형 커뮤니티와 지연형 커뮤니티가 서로 협동하며 관계를 맺을 수 있으리라 생각합니다.

그때 원동력이 되는 것도 역시 '즐거운' 마음입니다. 스스로가 '하고 싶은 것'을 진행하고, 사회에서 '요구되는 것'을 조직하고, 자신들이 '할 수 있는 것'을 실현하는 거지요. 즉 '하고 싶은 것', '요구되는 것', '할 수 있는 것' 이 세 가지를 잘 조합해 커뮤니티 활동을 전개하는 것이 중요합니다. '하고 싶은 것'과 '할 수 있는 것'만으로는 취미가 되어버리고, '할 수 있는 것'과 '요구되는 것'만으로는 일이 되어버리며, '하고 싶은 것'과 '요구되는 것'만으로는 그냥 꿈으로 끝나버릴 가능성이 높습니다. 세 가지를 잘 조합해 하고 싶은 것과 요구되는 것을 실현하면 스스로도 즐거워지고 저절로 지역 사람들에게 감사 인사를 받을 수 있게 됩니다. 저는 그런 생활 방식이 가장 이상적이라고 생각하는 사람입니다. 따라서 우리 프로젝트와 관련된 모든 사람들이 모두 다 반드시 그런 기분을 맛볼 수 있길 바랍니다.

주체 형성 워크숍과 크게 관계된 부분은 이 정도로 정리할 수 있겠네요. 디자인 워크숍에서는 '누구에게 무엇을 물을 것인가'가 중요하지만, 주체

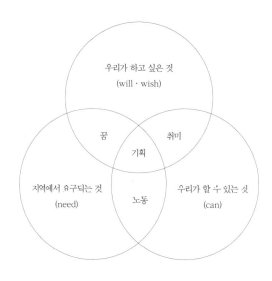

* 활동의 원동력이 되는 세 개의 원

형성 워크숍, 즉 활동 주체가 되는 커뮤니티를 새로 만들 때 이루어지는 워크숍에서는 '왜 워크숍인가'가 중요해집니다. 그때는 물론 1970년대의 이유와는 다른, 2010년대다운 답이 필요합니다. 저는 그 답 중 하나가 '즐거우니까'가 될 수 있다고 생각합니다. 이상입니다.

내용을 보면 아시겠지만, 저는 이 편지를 주고받으면서 이누이 씨를 비난하려는 마음은 추호도 없습니다. 오히려 커뮤니티 디자인에 대해 제대로 이야기를 나눌 수 있을 것 같은 사람이라고 생각하고 있답니다. 그런 이유로 우리는 앞으로도 즐거운 대화를 계속할 수 있을 것 같군요(웃음). 아직도 하고 싶은 말이 산더미입니다. 그럼 이만!

2011년 7월 27일

야마자키 료

이누이 구미코의 네 번째 편지

2011.8.12

야마자키 님께

커뮤니티 디자인에 대한 정의와 공정公正

빠르게 주고받던 편지가 저 때문에 속도가 떨어졌네요. 2주일이나 답장을 하지 않다니 죄송합니다. 사실 요즘 너무 더워서 제정신이 아닙니다 (웃음). 에너지 절약 운동에 협조하고자 지금까지 계속 에어컨을 켜지 않고 참았지만, 더위에 지쳐 쓰러져버릴 지경이라 아주 가끔 켜기로 했습니다.

2주 만에 다시 읽어본 답장은 정치 철학의 세계에 발을 들인 것 같은 느낌을 주는 글이더군요. 2주 전에 읽었을 때 *마이클 센델의 책에 나올 법한 이야기가 쓰여 있어서, '오옷! 이야기가 갑자기 본격적이 되었잖아!' 하고 당황했던 기억이 납니다. 그 책에 나오는 정의니 공평이니 하는 논의는 극단적인 레벨에서 다원적 세계를 고려해야 하는 미국이라는 나라를 전제로 하니, 일본에 사는 제가 실감하기에는 조금 거리가 있다는 인상을 받았는데, 야마자키 씨의 편지를 읽고 나니 딱히 그렇지도 않다는 걸 깨닫게 되었습니다.

주민 참여라는 것은 말 그대로 정의와 공평이란 개념이 첨예하게 드러날 수밖에 없는 자리니까 어느 정도는 정치 철학적 소양이 필요할까요? 그 점은 주의해야겠네요. 저는 '건축가'니까 정치 철학을 좀 귀찮아해도 용서받을지도 모르겠지만(웃음), 특히 야마자키 씨를 동경해 커뮤니티 디자

* 마이클 센델(1953~) 미국의 정치 철학자이며 하버드대학 교수로 재직 중이다. 공동체 가치를 중시하는 커뮤니테리어니즘 (cummunitarianism, 공동체주의)의 대표적 논객으로 유명하다. 그의 대학 강의는 일본 TV에서 '하버드 백열 교실'이라는 타이틀로 방송되었다. 그의 책 《앞으로의 정의에 대해 이야기해보자》(오니자와 시노부 옮김, 하야카와쇼보, 2010)는 우리나라에서 《정의란 무엇인가》(김영사, 2010)라는 제목으로 번역 출간되었다.

인 현장에 뛰어들고 싶어 하는 학생 입장에서는 잘 알아두어야 할 것 같습니다.

《만약 고교 야구 여자 매니저가 피터 드러커를 읽는다면》의 주인공 '미나미'가 드러커의 책을 안고 있듯이, 젊은 커뮤니티 디자이너 지망생이 롤스의 《정의론》을 껴안고 있는 모습이 머릿속에 그려지는군요. 앞으로는 한 손에는 《정의론》을, 다른 쪽 손에는 야구 점수표가 아니라 색색의 부표나 매직펜, 그리고 모조지를 끼워 넣은 도구 상자를 안고 다니는 거죠.

시민 협동이나 주민 참여, 아니면 커뮤니티 디자인에서는, 어떤 것이 기본적인 권리이고 자유인지 하는 것은 상당히 알기 어렵습니다. 따라서 공리주의를 극복하려 한 롤스를 참고로 했다는 야마자키 씨의 코멘트에 고개를 끄덕이게 됩니다. 이런 정의니 공평 같은 이야기에 대해서는 더욱 상세하게 논의할 수 있겠지만, 문외한인 저에게는 너무 어려워서 이 이상은 무리일 것 같습니다.

실천자 입장에서 보면 그런 까다로운 이야기는 그렇게 중요한 건 아니겠지요. '하고 싶은 것', '요구되는 것', '할 수 있는 것'의 접점을 발견하고, 그래서 '즐겁게' 느끼는 상황을 만들어내는 것이 중요하니까요. 이 아이디

좌 : 《만약 고교 야구 여자 매니저가 피터 드러커를 읽는다면》(이와사키 나쓰미 지음, 다이아몬드사,
2009). 우리나라에도 같은 제목의 번역본(2011)이 동아일보사에서 출간되었다.
우 : 《정의론》(존 롤스 지음, 가와모토 다카시 · 후쿠마 사토시 · 가미시마 유코 옮김, 기노쿠니야쇼텐,
2010, 개정판). 우리나라에서는 《사회정의론》(서광사, 2001)이라는 제목으로 번역 출간되었다.

어도 야마자키 씨의 활동 범위에 딱 들어맞는 부분이라고 생각하는데, 대체 어디서 튀어나온 아이디어입니까? 갑자기 번뜩 생각이 난 건가요? 아니면 뭔가 한 번에 감이 오는 책에서 발견한 건가요? 게시를 받아서 "오오~" 하고 외치고 있는 야마자키 씨의 모습을 멋대로 망상하고 있습니다(웃음). 게다가 저번에 심포지엄에서 함께했던 *니시무라 히로시 씨가 '야마자키 씨를 옛날부터 알고 있었는데 정신을 차려보니 어느새 슈퍼사이어인('드래곤볼' 게임에 나오는 캐릭터-옮긴이)같이 파워풀한 인간이 되어 있더라'라고 말씀하는 걸 듣고, 점점 경외하는 느낌으로 야마자키 씨의 모습을 보다 확실하게 상상할 수 있게 되었습니다(웃음). 그 진화의 원인이 궁금하네요. 그 점에 대해서는 많은 사람들이 흥미를 가지고 있으리라 생각되니, 부디 가르쳐주시길 바랍니다.

이야기가 옆으로 샜습니다만, 야마자키 씨는 예전부터 술을 못하셨나요? 야마자키 씨는 우롱차를 마시지만, 저는 우롱차의 카페인조차도 피해야 하는 사람이라 맹물이나 마시렵니다. 동행했던 노베오카에서는 이자카야 주인이 굉장히 터프한 사람이어서 "귀찮으니까 알아서 나눠 마셔요" 하면서 피처에 가득 담아준 수돗물을 혼자서 찔끔찔끔 마시면서 회식에 참가했더랬지요. 하지만 사실 논알코올의 한계를 느끼기도 했답

---

* **니시무라 히로시(1967~)** 일본 건축가. 주식회사 워크비전스의 대표이사로 재직 중이다. 야마자키 료와는 사가 프로젝트에서 협업했다. 작품으로 '이와미자와 복합 역사驛舍'(2009) 등이 있다.

니다. 긴장을 푸는 데 차이가 있으니까요. 노베오카에서 주위 사람들은 한껏 달아올랐는데 미묘하게 동참하지 못하는 제 스스로를 의식하고는 한계를 극복해야 한다는 생각에 저 나름대로 에너지를 내려고 노력하면서 혼자서 밥을 아귀아귀 먹다 보니, 최근 몇 개월 동안 4킬로그램이나 늘었지 뭐예요(웃음). 내일부터 며칠간은 추석 연휴네요. 그 기간 동안 열심히 체중 감량에 도전해보렵니다! 그럼!

2011년 8월 12일

이누이 구미코

야마자키 료의 네 번째 답장

2011.8.18

이누이 님께

커뮤니티 디자인에 대한 정의와 공정公正

하치노헤에서 야마자키입니다. 하치노헤 청년회의소에서 강연을 해달라고 불러주셨습니다. 하치노헤에는 처음 왔는데, 지금은 일본에서 전국적으로 유명한 'B-1구르메 그랑프리'가 하치노헤에서 태어났다고 하네요. 하치노헤 하면 '센베이즙'이죠. 이것을 전국적으로 알리고자 마음먹은 청년회의소 OB가 홍보 방법으로 'B-1구르메 그랑프리'라는 아이디어를 생각해낸 것이라고 합니다. 결국 센베이즙을 일본 전국에 알리기 위해서 오로지 열심히 센베이즙만 PR한 게 아니라 센베이즙과 같은 '여러 지방의 맛있는 음식'을 모으는 방식을 통해 그 사람들에게 센베이즙을 알리는 게 더 이익이라는 방침을 택한 셈이죠. 그건 아주 탁월한 선택이었습니다. 그 결과 2006년에 처음으로 B-1그랑프리가 하치노헤에서 개최되었다고 합니다. 그때 전국에서 열 종류의 B-1구르메가 모였고 하치노헤의 센베이즙도 그들 속에 끼어서 널리 알려지게 되었다는 이야기이지요. 첫 회에는 1만 7000명이었던 방문객도 5회를 맞는 2010년에는 43만 5000명으로 늘었고, 참가를 희망하는 지역의 구르메도 46종류나 되었다고 합니다. 다만 안타깝게도 정작 PR하려고 했던 '센베이즙'은 단 한 번도 그랑프리를 타지 못했다는 후문이 들리네요(웃음).

그럼 본론으로 들어가보죠. 지난번 편지 이야기가 정치적이었다는 지적은 분명 커뮤니티 디자인이 겪을 수밖에 없는 숙명이라고 생각합니다. 하지만 실은 저도 까다로운 이야기를 계속하는 건 그다지 좋아하지 않기 때문에, 더 깊은 이야기는 기회가 되면 다시 하는 걸로 하지요. 그래도 '언제부터 야마자키는 그런 사고방식을 가지게 되었는가' 하는 질문에 대한 대답은 해야 할 것 같네요. 공교롭게도 어쩌면 그 이유 중 하나는 조금 까다로운 이야기가 되어버릴지도 모르겠습니다. 그것도 되도록 건축 이야기에 연관시켜 쉽게 이야기하도록 노력해보겠습니다.

제가 지금과 같은 사고방식을 지니게 된 계기는 몇 가지 있습니다. 대학 시절의 은사님(*마스다 선생님)의 영향, 취직한 설계 사무소 상사(*아사노 씨)의 영향, 아리마 후지 공원 파크 매니지먼트 일을 할 때 신세를 졌던 박물관 선생님(*나카세 선생님)의 영향, 한신·아와지 대지진에서 겪은 경험, 호주의 멜버른에서 유학했을 때 세지마 가즈요 씨와 이야기했던 것에 따른 영향, 소중한 사람을 자살로 잃은 경험 등. 지금 언급한 것들이 복합적으로 얽혀서 지금과 같은 사고방식을 만들었다고 생각합니다. 그 외에 건축이나 예술에 관련된 영향도 물론 있습니다. 이번에는 그것에 대해 써보겠습니다.

---

* **마스다 노보루(1951~)** 오사카부립대학 대학원 생명 환경 과학 연구과 교수이자 조경가. 전문 분야는 랜드스케이프 아키텍처이다.

* **아사노 후사요** 도쿄농업대학 농학부 바이오세라피학과 교수. 전문은 원예요법학이다. 그의 저서 《치유의 풍경》(2008)은 우리나라에도 같은 제목 번역본(학지사, 2010)으로 출간되었다.

* **나카세 이사오(1948~)** 히메지공업대학 자연·환경과학연구소 교수이며 '효고현립인과 자연박물관' 부관장이다.

많은 다른 사람들처럼 건축을 너무나 좋아하는 학생이었던 저도 르 코르뷔지에나 그로피우스의 사상에 영향을 받았고, 건축 모더니즘 병에 걸린 적도 있었습니다(웃음). 그러다 보니 이론적으로 *CIAM이 아무래도 신경 쓰이는 겁니다. 세계적으로 이름을 날리고 있는 모더니즘 건축가들이 모두 모여 의논하고, *기데온이 의장으로 대화의 장을 코디네이트해주는, 말도 안 되는 엄청난 회의니까요(웃음). *아테네 헌장에도 흥미가 있었고요. 그래서 CIAM 제1회 대회부터 순서대로 무슨 이야기를 나누었는지 조사하다 보니 당연한 수순처럼 *팀 텐에 동조하게 되더군요. 세계적으로 유명한 모더니즘 건축가들에게 싸움을 걸었던 젊은이들에게 말입니다. 같은 젊은이였던 저로서는 감동일 수밖에 없었죠. 한마디로 '너무 멋있었던!' 겁니다.

* CIAM(Congress International Architecture Modern) 르 코르뷔지에와 발터 그로피우스를 비롯한 근대 건축 창시자들이 모여, 1928년(제1회)부터 1956년(제10회)까지 단속적으로 개최한 근대 건축 국제회의. 국제적인 근대 건축 운동의 거점이 되어 기능성과 합리성을 중시하는 건축·도시계획 모더니즘 보급의 원동력이 되었다. '팀 텐(Team-Ten)'에 의해 1959년에 해산되었다.

* 지크프리드 기데온(1888~1968) 스위스의 미술사가. 근대 건축 운동의 이론적 지도자로서 활약했다. 저서 《공간·시간·건축》(1941)은 그때까지 건축을 논할 때 주제가 되는 일이 없었던 '공간' 개념을 이용해 르네상스 이래 건축을 논한 명저이다.

* 아테네 헌장 1933년 CIAM 제4회 회의에서 채택된 도시계획 이념. 도시계획의 열쇠를 '거주', '노동', '레크리에이션', '교통' 등 네 가지 기능으로 정리한 이 명쾌한 이론은 전 세계 도시계획에 커다란 영향을 주었지만, 후에 너무 기능주의적이라는 비판을 받았다.

* 팀 텐(Team-Ten) CIAM의 일원이었던 스미슨 부부를 중심으로 결성된 젊은 건축가 그룹. CIAM의 기능주의적 이념을 비판했다. 그 정적인 건축·도시관에 반기를 들고 성장 패턴 등의 개념을 도입한 동적인 건축·도시계획을 제창했다. 주요 멤버로는 네덜란드의 알도 반 에이크, 제이콥 바케마, 프랑스의 조르주 캔딜리스, 이탈리아의 잔카를로 데 카를로 등이 있다.

팀 텐 중에서는 *스미슨 부부도 좋았고, *바케마도 좋았지만, 특히 이론
파였던 *알도 반 에이크를 동경했습니다. 그래서 더 나아가 에이크의 행
적을 좇다 보니 그와 사이가 좋았던 *콘스탄트 뉘벤호이스나, 그가 한때
몸을 담았던 *상황주의자(시추에이셔니스트) 사상으로 거슬러 올라가게 되
더군요. 그러다가 상황주의자의 사고방식이나 일시적으로 그 사상적인
배경을 형성하고 있던 *앙리 르페브르의 사고방식에 '바로 이거야!' 하면
서 손바닥을 쳤던 겁니다. 그때까지는 아테네 헌장을 포함해 전문가가
도시계획을 세우는 거라고 생각했고, 기업이 상품을 만들어 유통시키는
거라고 생각했으며, 행정은 마을을 관리하는 게 당연하다고 여겼으니까
요. 하지만 그런 과정을 반복하다 보면 제공하는 측에 유리하도록 라이
프스타일이 강요될 위험성이 있고, 점점 시민은 손님처럼 되어버려서, 무
엇보다도 자신이 주체적으로 행동할 수 없게 됩니다. 그 때문에 결국 이
건 정말 아니다, 라는 생각에 다다른 거죠.

그 일환으로 '그럼 건축 설계는 어떻게 하면 좋을까. 개인 주택은 건물주
와 대화를 나누며 설계를 진행하면 되겠지만, 공공 건축 설계는 어떻게
하면 좋을까. 랜드스케이프 디자인의 대표 격인 공원 설계는 어떻게 하
면 좋을까. 누구의 주체적인 의견과 행동을 설계에 반영하면 좋을까' 하

---

* **스미슨 부부** 피터 스미슨(1923~2003)과 앨리슨 스미슨(1928~1993). 이탈리아 출신의 건축가 부부. 대표
작으로 '한스탄튼 중학교'(1945), '이코노미스트 빌딩'(1946), '로빈 후드 가든즈 집합주택'(1972) 등이 있다.
* **제이콥 바케마(1914~1981)** 네덜란드 건축가이며 도시계획가. 주요 작품으로 '오사카국제박람회 네덜란
드관'(1970) 등이 있다.
* **알도 반 에이크(1918~1999)** 네덜란드 건축가. 당시에 상황주의자들과도 교류하는 등, 동시대 예술 운동
에도 정통했다. 대표작으로 '암스테르담 고아원'(1960), '어머니의 집'(1978) 등이 있다.

는 것들에 주목하게 되더군요. 그러다 보니 '오히려 공원 설계 프로세스를 통해 사람들이 주체적으로 공공 공간과 관계를 맺는 계기를 만들어내야 할지도 몰라. 모처럼 공원을 설계하는 거니까 그것을 계기로 삼아 많은 시민들이 프로젝트에 참여하게 해서, 이왕 맺은 인연이니 완성한 공원에서 주체적으로 활동하게 하는 거야' 하고 생각하게 된 거죠. 그래서 주위 사람들에게 시민이 주체적으로 활동하는 것이 중요하다는 말을 하고 다니다 보니, 사람들이 야마자키는 좌측 인사라고 생각하더군요(웃음). '좌측이란 게 뭐지?' 하는 생각이 들어 당황해서 조사해보니 제가 태어나기도 훨씬 전에 우파다 좌파다 하는 정치 프레임이 완성되어 있더군요. 그중에는 상당히 극단적인 이론이나 실천도 있었고요. 이러다 오해받을지도 모르겠다는 생각이 들어서 그 이후로는 상황주의자라든가 르페브르의 이야기는 되도록 하지 않으려고 노력하고 있습니다.

논의에서 좀 벗어나지만 '좌측' 사상이 1968년에 어떻게 패배했는지도 신경에 거슬리더군요. 극단적인 주장만 제외하면 대체로 구구절절 옳은 말이었는데 말이죠. 그런 것들을 생각하면서 공원에서 실제로 파크 매니지먼트 일을 진행해보니 활동하고 있는 사람들이 굉장히 재밌어하는 것 같았습니다. 저도 *'생활 스튜디오'라는 팀을 세워서 활동해보니, 이것 또

---

* **콘스탄트 뉘벤호이스(1920~2005)** 네덜란드 예술가. 전위예술 운동 '코브라' 활동 후 1957년부터 1960년까지 '상황주의자 인터내셔널(Situationist International)'에 참여했다.
* **상황주의자(Situationist)** 미디어가 연출하는 소비사회(스펙터클)를 비판하고 그것을 타파하는 상황(시추에이션) 구축을 목적으로 활동했던 사람들이다. 1957년 프랑스 사상가이자 영화 작가인 기 드보르와 콘스탄트 뉘벤호이스를 비롯한 유럽 각국의 전위예술가가 모여 '상황주의자 인터내셔널'을 결성했다. 이후 1972년에 해산될 때까지 정치·예술 운동을 전개했다.
* **앙리 르페브르(1901~1991)** 프랑스 사회학자. 저서 《일상생활 비판》(1947)은 상황주의자 활동의 사상적 기반의 하나가 되었다. 《파리 코뮌》(1965), 《도시에의 권리》(1968) 등 많은 도시론을 저서로 남겼다.

한 굉장히 재밌었습니다. 어떤 테마로 특화한 커뮤니티를 만들어 직업적 일과는 별개의 입장에서 마을에 주체적으로 관여한다는 것이 재미있는 일이라는 사실을 아주 확실하게 깨닫게 되었다고나 할까요. 그래서 생각한 것이, 까다로운 논의를 반복해서 '같이 싸우자고 부추기는 것'보다는, '재밌다', '옳다', '즐겁다' 하고 생각하면서 순조롭게 실행되게 하는 편이 좋겠다는 것이었죠. 물론 그것이 정말로 옳은지는 모르겠습니다. 하지만 일단 스스로가 옳다고 생각하는 것을 즐겁게 실행하고 그 결과 누군가가 다른 사람들에게 정말 감사하다는 인사를 받는다면 더욱 즐거워지지 않을까, 그런 과정을 반복하면서 스스로의 활동을 조금씩 계속해서 보정해나가는 게 좋겠다는 생각이었습니다.

이상과 같은 것들을 생각했을 때, 내 스스로가 대견하다는 기분이 들었는지 아니었는지는 잘 생각나지 않습니다(웃음). 슈퍼사이어인처럼 금색으로 물들인 머리카락이 거꾸로 곤두서 있었는지 어떤지도 기억나지 않습니다. 아니, 어쩌면 그때는 완전히 빡빡머리였던 것 같기도 하네요(웃음). 다만 위와 같은 것이 지금과 같은 일을 시작하게 된 계기 중 하나였던 것만은 확실합니다. 더 나아가 앞에서 언급한 몇 가지 이유가 복합적으로 얽혀서, '커뮤니티 디자인'이라는, '이걸로 먹고살 수 있을지 모르는

076

* **생활 스튜디오** studio-L의 전신. 랜드스케이프 디자인에 관련된 젊은 실무자와 학생들이 모여 활동한 서클이다. 참가자는 30명이며, 멤버 중 네 명이 모여 이후에 studio-L을 설립했다.

분야를 전문으로 하는 사무소까지 차리게 된 건 확실합니다(웃음).

마지막으로 술 얘기를 하겠습니다. 술은 예전부터 마시지 못했습니다. 학창 시절에는 체육 활동으로 럭비를 했기 때문에 마셔야 했는데, 그때도 술을 마시면 몹쓸 인간이 되어버렸습니다(웃음). 그래서 제가 고학년이 된 다음에는 '술 강요'를 금지시켰습니다. 그 후 사회인이 되어서는 무리하게 술을 마신 적이 한 번도 없습니다. "럭비부 활동을 할 때 무리하게 술을 마시고 엉망이 된 적이 있어서요" 하고 얼버무리면서 마시지 않고 있습니다. 우리 사무소 스태프 중에도 술을 마시지 못하는 사람이 몇 명 있습니다. 그래서 약간 아쉬운 감이 없지는 않습니다만 술을 마시면서 이야기하자는 말은 절대 하지 않습니다. 술이 들어가지 않으면 진짜 얘기가 나오지 않는다든가, 술이 없으면 진짜 인간관계를 맺을 수 없다든가 하는 이야기로 흘러가면, 워크숍 자리 자체가 공허한 것이 되어버리기 때문입니다. 술이 없어도 논의될 만한 것은 당연히 얘기가 되어야 하고, 서로 이해할 수 있는 부분은 이해할 수 있어야 합니다. 술자리를 갖지 않으면 본심이 나오지 않는다고요? 저는 이런 말들을 하는 건 자신의 퍼실리테이션(facilitation : 편리화, 촉진 / 집단이나 조직체의 목적을 달성하기 위해 구성원의 능력을 촉진시키는 일련의 활동-옮긴이) 능력이 낮다는 것을 폭로하는 것과 같다고 스태프들에게 이야기합니다. 회의나 워크숍을 마친 뒤에 마시러 가는 것 자체는 저도 좋아해서, 술자리에 가면 우롱차를 폭음하고 그 지방의 맛난 먹을거리를 엄청나게 먹어대지만, 그건 어디까지나 본 회의와 워크숍을 보완하는 자리일 뿐입니다. '먹고 죽자'는 식의 술자리가 되면 실제로 이 일에 관여된 참여자 수가 오히려 줄어들 거라 생각합니다.

하나 더. 저는 술자리에서는 되도록 흥분하지 않으려고 노력합니다. 제일은 워크숍에서 그 에너지를 끝까지 끌어올려야 하는 일입니다. 그래서 끝까지 올린 에너지를 활용해 말로 다 뱉어내고 손짓 발짓을 섞어가면서 파워풀하게 퍼포먼스도 합니다. 그런데 술자리에서까지 흥분해서 이야기하면 '또 저 사람 혼자 떠드는군' 하고 생각하겠지요. 그래서 술자리에서는 최대한 말없이 다른 사람의 의견을 듣거나 인간관계를 관찰하는 장으로 삼으려고 합니다. 그래야만 술이 들어가면 본심을 드러내는 사람들의 인간관계를 볼 수 있으니까요. 그때 저까지 취해버리면 관찰할 수가 없잖아요(웃음). 그런 의미에서 제가 술을 잘 마시지 못하는 것, 술자리에서 에너지를 발산하지 않는 것에 대해 참여자 여러분이 이해해주신다면, 이후 정보 수집이나 인간관계 관찰이 훨씬 더 수월해질 것 같네요.

아아, 이렇게 얘기하고 보니 '항상 다른 사람들을 관찰하다니, 야마자키랑은 술 마시러 가지 말아야겠다' 하고 생각하는 사람이 많아질까 봐 걱정이 되네요(웃음). 그 지방의 맛난 먹을거리를 함께 먹으러 가줄 사람이 줄어들면 안 되는데….

2011년 8월 18일

야마자키 료

이누이 구미코의 다섯 번째 편지

2011.8.27

야마자키 님께

도시를 '전용轉用'하는 법

: 형태가 아름답고 구조가 아름답고 동선이 아름다울 것

지난주 노베오카에서 개최된 시민 워크숍에서 고생 많으셨습니다. 그리고 오이타까지 야간 운전! 무사히 잘 도착하셨는지요?

우리는 그다음 날부터 이틀에 걸쳐 구마모토, 가고시마 등 많은 곳을 둘러보았습니다. 시청 관계자들에게 무리라는 말을 들을 정도로 스파르타식 스케줄이었지만, 스태프인 야마네의 놀라운 히로시마식 운전 기술 때문에 모든 물건의 시찰을 다 끝내고 스케줄에 포함되어 있지도 않은 아오키 준 씨의 *마미하라교까지 볼 수 있었습니다. 하지만 계속 혼자서 힘들게 운전하는 야마네가 신경 쓰여서 "저도 면허 있으니까 교대해요" 하고 몇 번이나 말해봤지만, "아뇨, 됐습니다" 하고 줄기차게 거절당한 게 충격이었다면 충격이었네요. 물론 고맙긴 했지만, 야마네의 그 굳은 표정이 "사장님이 운전하면 무서우니 제발 좀 참아주세요" 하는 메시지를 풍겼거든요(웃음). 사실 얼마 전 부모님과 이즈에 자동차로 다녀왔을 때도 아버지는 그 연세에도 나에게 핸들을 넘겨주지 않으려고 필사적으로 운전하셨답니다(웃음). 이번 여름에는 자동차로 먼 거리를 다녀오는 일이 제법 많았네요. 계속 조수석에 착 달라붙어 창밖을 바라보면서, '만약 내가 교외에 산다면 장 보는 데 문제가 좀 있겠어' 하는 생각을 하기도 했습니다.

* **마미하라교(馬見原橋)** 건축가 아오키 준(1956~)이 설계한 다리로, 위는 자동차와 비행기, 밑은 보행자 전용인 입술 모양의 다리. 구마모토 현과 미야자키 현 경계 근처 소요마치에 있다.

지난번 편지에도 또 좋은 화젯거리가 나왔군요. 상황주의자들의 활동은 전위예술 운동인 동시에 과격한 정치 운동이기도 했던 것 같네요. 그렇기 때문에 '정치의 계절' 이래로 시들해지긴 했지만 스펙터클한 사회에 저항하기 위한 '전용轉用' 즉, 일상생활을 바꾸기 위한 방법, 또는 '표류'라는 도시를 이중화하는 태도 등, 그 후의 예술이나 문화에 영향을 준 개념을 세상에 내보낸 것이겠죠. 당시 그들은 근대 도시계획 비판을 반복하며 건축가와 도시계획가를 공격했던 것 같습니다. 그 방법론으로 *'통일적 도시계획'을 제창하고 멤버 중 한 사람인 콘스탄트는 *'뉴 바빌론'이라는 개념적인 계획을 통해 의문을 제기한 거죠.

이 '뉴 바빌론' 계획은, 중세에 형태가 갖춰진 도시 구조 혹은 뉴타운 계획, 둘 중 하나를 선택할 수밖에 없었던 유럽의 입장에서 보면, 주민 자체가 항상 계속 주문 제작(커스터마이즈, customize : 주인이나 이용자가 원하는 대로 만드는 것을 뜻한다. 이하 '주문 제작'으로 번역-옮긴이)을 할 수 있는 시스템을 유지한다는, 도시에 대한 대안적 아이디어가 빛나는 생각이었습니다. 하지만 일본(혹은 아시아)처럼 도시 자체가 민간을 통해 계속해서 주문 제작되는 것이 당연한 나라에서는 주문 제작이라는 아이디어를 현실의 것으로 하는 아이디어의 건축양식 측면만 돋보여 '결국 이 아이디어도 우리

---

* **통일적 도시계획** 상황주의자들의 중요 이론 중 하나. 다양한 실험적 행동과 다이내믹하게 연결된 환경의 완전한 구축에 기여하는 예술과 기술 전체에 이용되는 이론이다.

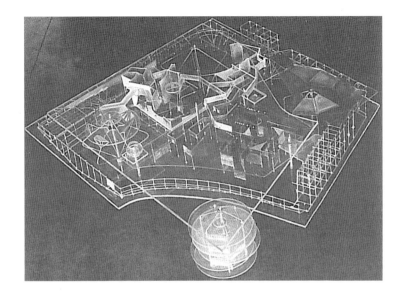

* **뉴 바빌론(New Babylon, 1956~1972)** 콘스탄트 뉘벤호이스가 만든 가상의 도시 모델. 유럽의 기존 도
시 상공에 경량 철골 기관 프레임을 이용해 지상에서 16미터 정도 떠 있는 그물코 상태의 도시를 구상했다.
뉴 바빌론에서는 '뉴 바빌로니언'이라 불리는 주민들이 일정한 주거지에서 지내지 않고 유랑 생활자(노매드)
로서 표류 생활을 하며, 동반되는 도시는 확대와 축소를 계속한다. (그림 출전 : Mark Wigley, Constant's
New Babylon The Hyper-Architectures of Desire, 010 Publishers, 1998, p.88)

를 무시하는 처사 아니야?' 하는 인상을 주지 않았나 싶습니다. 비판당하는 계획자 쪽에서 보면 비판하는 쪽에 존재하는 모순은 굉장히 거슬립니다. '뉴 바빌론'은 그런 의미에서는 계획자에게는 애증이 엇갈리는 양면적 존재였다는 생각이 듭니다.

재밌는 이야기 하나 해드릴까요? 작년 베네치아 비엔날레에서는 *기타야마 고 씨 등의 일본 팀이 발표한 *도쿄 메타볼라이징'을 통해 메타볼리즘에 편승한 듯한 아이디어가 제시되었습니다. 도로 등의 인프라를 보이지 않는 핵심으로 삼으면서 도시를 주문 제작하기를 반복하는 도쿄의 현실을, 도시에 대한 지적知的인 해결 방법으로써 소개한 것이지요. 말하자면 상황주의와도 친화성 높은 메타볼리즘의 좌절을, 우리의 경제활동이 어느새 극복해버렸다는 얘기입니다. 일본인은 그냥 자연스럽게 '뉴 바빌로니언'이 되어버렸을 뿐 아니라, 생활자나 계획자도 그 일원이 되었다는 점이 상당히 재미있었습니다. 이 사고방식을 책으로 읽었을 때는 어쩐지 통쾌했다고나 할까요. 좋았어, 드디어 계획자도 뉴 바빌로니언에 포함되었어, 하는 느낌이었습니다. 하지만 그런 식으로 반세기를 경험한 지금도 여전히, 사실상 상황주의가 불쑥 내민 여러 가지 과제는 계획적, 문화적으로 계속해서 검토할 필요가 있으리라 생각합니다.

---

* **기타야마 고(1950~)** 일본 건축가. 주요 작품으로 '호야혼초 클리닉'(1993), 시로이 시 시립 '시로이 시 제2초등학교'(1997), '센조쿠 연결 기둥'(2006) 등이 있다.
* **도쿄 메타볼라이징** 2010년에 개최된 베네치아 비엔날레 국제건축전의 일본관 테마. 26년 주기로 신진대사를 계속하는 도쿄를 21세기의 새로운 도시 모델로 설정해 그 가능성을 추구했다.

예전에 랜드스케이프 디자인을 하던 시절의 야마자키 씨는 어쩌면 상황주의에 대해, 계획자적인, 다소 꼬인 생각을 가지고 있었을지도 모르겠네요. 하지만 지금의 야마자키 씨 입장은 좀 더 솔직해졌을 거라는 생각이 듭니다. 도시를 '전용'하기 위해 직접 생활자를 끌어들이고 있으니까요 (웃음). 다만 이미 말씀하신 대로, 그들과의 차이는 정치적 의도가 없다는 점이겠죠. 바꿔 말하면 예전에는 체제적이라고 일컬어지던 것의 구조적 결함이 노골적으로 드러나면서, 반체제적 사상 속에서 정치성과 무관하게 자연스럽게 생겨난 여러 개념 중 하나로, 야마자키 씨의 활동을 정의할 수 있을 것 같습니다.

상황주의에 영향을 받은 '전용'이라는 개념은 야마자키 씨의 활동에 근간이 된다고 생각합니다. 야마자키 씨는 지금 매스미디어에서도 크게 활약하고 계시는데, 방송에서는 특히 휴머니즘적인 측면에 편중된 것처럼 비치더군요. 휴머니즘적 측면도 물론 훌륭하지만, 저는 그 이상으로 상황주의 등의 개념에 흥미를 보인 야마자키 씨의 미의식에 주목하고 있습니다. 도시의 '전용'이라는 기법 속에서 표출되는 문화적 가능성, 그리고 그 아름다움을 공유하는 것이 계획자와의 중요한 접점이 되고, 그 접점이 있어야만 비로소 계획자와 전용자 둘 다 결실을 맺는 협업이 가능해진다고 생각하기 때문입니다. 도시를 '전용'한다고 하면, 드라이브 감感을 공유하는 것이 중요해지겠지요. 비슷한 연배라면 조금은 귀여운 티셔츠와 게이 문화를 연상케 하는, 까까머리를 한 야마자키 씨의 모습을 이용하며, 대안적 문화로서의 커뮤니티 디자인이라는 그림을 그린 후 그것에 상응하는 디자인을 제시하는 것도 가능할 듯합니다. 하지만 약간 세대가 변하면 사태가 변할지도 모르겠습니다. 도저히 소화할 수 없는 디자인이 나올지도 모를 일이니까요. 하지만 어찌 되었든 야마자키 씨다운 생각으로 추진한다면 형식은 아무래도 상관없지 않을까요? 야마자키 씨는 그 자체로 눈에 띄는 존재니까요(웃음).

그리고 팀 텐. 이것도 참 오랜만에 들어보는 단어네요. 그러면서도 굉장히 현대적인 느낌의 화제입니다. 팀 텐이 CIAM에서 보여준 파괴력, 그리고 기존 도시의 틈새로 침투하는 듯한 계획 개념을 제안한 것은 대단하지만, 예를 들어 *골든 레인 계획처럼 기능을 빼고 대신 주제화된 길이나 지역이라는 개념이 등장하면 결국 지면에서 너무 높이 올라가 역설적으로 거리감이 느껴집니다. 게다가 시대적 요청도 있을 텐데, 상당히 거대한 건축을 고수하는 것도, 결정적으로 우리의 감각과는 다른 뭔가를 느끼게 만들지요. 다만 '장소 감각을 만들어낸다'는, 말하자면 지금도

* 골든 레인 계획(1952) 스미슨 부부에 의한 집합주택 설계안案. 3층마다 배치된 공중 도로로 각 동을 연결한 고층 아파트 계획으로, 뉘벤호이스의 뉴 바빌론 제작에 영향을 주었다고 알려져 있다.

설계를 하면서 중심적인 과제를 창출한다는 그들의 업적에는 공감을 표합니다. 건축계에서 주류가 아니었던 알도 반 에이크는 현대를 사는 우리와 가까운 감각을 지니고 있었고 친근감을 주기 쉬운 존재였으니까요. 더 자세한 이야기는 다음 기회에.

2011년 8월 27일

이누이 구미코

야마자키 료의 다섯 번째 답장

2011.8.29

이누이 님께

도시를 '전용轉用'하는 법

: 형태가 아름답고 구조가 아름답고 동선이 아름다울 것

가고시마에서 야마자키입니다. 오늘의 이동은 그야말로 '곡예적'이었습니다. 이누이 씨의 미야자키, 구마모토, 가고시마 이동에 필적할 만한 '동분서주' 스케줄이었답니다(웃음). 새벽 4시에 집을 나와 아시야에서 도쿄의 오모테산도로 이동. 거기서 'vision'이라는 심포지엄 참석, 종료 후에 바로 하네다로 이동. 거기서 가고시마공항으로 가서 버스로 가고시마중앙선으로 이동해 구시키노 역으로. 역에서 항구로 이동해 페리를 타고 가미코시키 섬으로. 저녁 때는 '코시키 열도 회의'에서 이야기를 하고, 새벽 3시에 회의 참가자와 함께 정신없이 호텔로 돌아왔습니다. 그 사이, 저도 이누이 씨와 마찬가지로 계속 운전자가 있는 차량에서 충분한 수면을 취했지요(웃음). 저의 경우에는 전부 다 대중교통수단이었지만요. 가끔 "야마자키 씨는 교통이 불편한 나카야마 산간 이도 지역을 돌아다니는데도 왜 자동차를 안 가지고 다니고 대중교통수단을 이용합니까?"라는 질문을 받을 때가 있습니다. "환경을 배려해서입니까?" 혹은 "마을 사람들과의 교류를 중시하기 때문인가요?" 하고 심오한 의미를 부여하는 분도 있습니다만, 이유는 단순합니다. 대중교통수단을 이용하면서 책을 읽거나 자는 게 편하거든요. 단지 그것뿐입니다(웃음). 이동 중 저는 거의 독서 혹은 수면에 깊게 빠집니다.

본론으로 들어가죠. 이누이 씨가 상황주의자와 팀 텐의 화제에서 중요한 테마를 끌어내주셨더군요. 하나는 '이론은 훌륭하지만 모양을 갖춘 순간 실망한다'는 것. 이건 비단 상기한 두 가지 연동체에 한정된 이야기가 아니라, 다른 건축가가 제시하는 미래상像과 그 구체적인 형식에서도 공통되는 부분이지요. *메타볼리즘만 보더라도 이론은 가슴이 쿵쾅거릴 정도로 멋지고 세포분열 메타포도 상당히 동적動的인데도, 막상 실현된 건축물을 보면 예상에서 빗나가기 일쑤였으니까요. 하드웨어와 소프트웨어의 조합이라는 의미로는 건축물의 코어가 대지에 고정되어 있어서 그것에 붙는 서브 유닛을 여러 가지로 교환할 수 있다는 점이 매력적이었습니다. 트레이, 일본식 방, 베드룸을 각각 크레인으로 코어에 부착하거나 떼어냄으로써 방을 구입한 사람들에게 옮겨 가는 거죠. 이사할 때도 방마다 옮기면 됩니다. 세포분열처럼 매끄럽지는 않더라도 왠지 도시가 살아 있는 것 같은 느낌이 들도록 꾸며져 있습니다. 약간 어설픈 느낌은 없지 않아 있지만요.

그런데 실제로는 어땠나요? 소프트웨어 쪽이 움직이지 않았습니다. 교환되어야 하는 방 시장이 생기지 않았기 때문에 일본풍 방이나 어린이 방이 매매되거나 교환되는 일 없이 메타볼리즘 건축은 그대로 낡게 된 거

* **메타볼리즘(metabolism)** 기쿠다케 기요노리(1928~2011), 구로카와 기쇼(1934~2007) 등의 일본 건축가・도시계획가 그룹이 개시한 건축 운동이다. 도시나 건축을, 변화하는 다이내믹한 과정으로 여기고 생물학과의 아날로지에 의해 구상했다.

죠. 그렇게 되니 겉모습은 역시 건축물이고 몇 년간 기다려도 신진대사는 이루어지지 않습니다. 물론 일반인은 그 건축이 애초에 신진대사를 전제로 지었다는 것 자체를 모르기 때문에 낡은 건물을 보고 이제 슬슬 다시 지어야겠다고 생각하겠죠. 그걸 들은 건축가들은 "대체 무슨 소릴 하는 거야. 저 메타볼리즘 건축을 부수고 건물을 다시 짓다니! 역시 주민들은 무식해. 문화가 뭔지 모른다고" 하고 분개하게 됩니다. 뿐만 아니라 그 기세를 몰아 "그러니까 주민 참여 같은 건 해봐도 소용없어. 애당초 주민은 무지하니까" 하는 식으로 얘기가 전개되죠. 하지만 사실은 건축가가 제시한 비전에는 주민의 공감이 굉장히 중요하고 커뮤니티의 찬성과 동의가 없으면 진행되지 않는 일이 많습니다.

메타볼리즘도 마찬가지입니다. 하드웨어나 소프트웨어 모두 주민을 빼놓고 이야기한다는 게 문제입니다. 변화하지 않는 코어와 변화하는 서브 시스템의 조합으로 하드웨어를 생각하고, 서브 시스템을 교환하는 시장을 생성하는 소프트웨어를 생각한다는 개념인데도, 거기에 정작 주민의 주체적인 활동은 거의 포함되어 있지 않습니다. 어떤 커뮤니티를 만들어야 하는가, 합의 형성의 장은 어떻게 구축하는가, 주민은 어떤 역할을 담당하는가 하는 것들을 시스템에 포함해 제안하지 않으면 건축가가 구상한 비전은 실현되지 못할 가능성이 높습니다. 하드웨어와 소프트웨어에 추가적으로 오그웨어(organization ware의 줄임말 : 하드웨어와 소프트웨어를 생산하고 유지하는 데 필요한 사회적 구조와 물리적 절차-옮긴이)라고도 할 수 있는 '커뮤니티가 관련된 시스템'을 구축하지 않으면(혹은, 커뮤니티 속에 포함된 상태로 다른 사람과 대화하고 조정하는 사람이 없으면) 건축가가 그리는 비전은 굉장히 가슴 설레지만, 그것을 구체화한 순간 실망스러운 결과만 낳을 것입니다. 상황주의자가 제안한 '뉴 바빌론'은 하드웨어와 소프트웨어의 제안뿐 아니라 마을 만들기의 방향성에 대해 서로 이야기하는 '협의회'라는 존재가 중요하다고 제안하고 있습니다. 하지만 그것도 정작 누가 어떤 식으로 협의회를 운영하는가 등의 구체적인 시스템은 제시하지 않았기 때문에 실현성이 낮았던 게 아닌가 하는 생각을 해봅니다. 뭐, 처음부터 그 제안은 기존 도시를 일단 포기하고 공중에 이상적인 도시를 만듦으로써 기존 도시에 자극을 주려는 의미가 더 강했기 때문에, 애당초 현실성이 결여된 제안이었던 것이 사실이지만요(웃음).

여러 번 말했듯이, 건축가가 제시하는 도시상像은 사실 어떤 것을 봐도 상당히 매력적입니다. *토니 가르니에의 공업 도시 시절부터 항상 '건강한 노동'과 '미소로 가득한 가정'과 '양질의 커뮤니티'가 그려져 있거든요. 하

---

* **토니 가르니에(1869~1948)** 프랑스 도시계획가이자 건축가. 1901년부터 1904년에 걸쳐 설계한 '공업 도시'가 유럽적 도시계획을 극복한 최초의 도시계획으로 인정받으면서, 근대 도시계획의 선구자로 자리매김했다.

지만 그것을 구체적인 건축 형태로 제시하는 순간, 그 건축물에서 '사람'
의 모습이 사라집니다. 이론적으로는 항상 "건축가라는 것은 사물의 형
태를 제안할 뿐 아니라, 미래의 생활을 구축하는 기능이다"라고 말하면
서도, 결국은 형태 외에는 아무것도 제시하지 못하는 거죠. 혹은 형태와
연동된 마켓 시스템만 제시합니다. 물건과 그것을 돌리는 시스템밖에는
제시하지 않는 셈이죠. 이제는 슬슬 사람 이야기를 해도 좋을 때가 아닌

토니 가르니에의 공업 도시
(출전 : Tony Garnier, Une Cite Industrielle, Auguste Vincent, Paris, 1918, p.164)

가 싶습니다. 사람과 관련을 맺는다는 것은 두려운 일일지도 모르지만, 결국은 직접 시민 속에 들어가 그들과 대화하면 도시의 미래를 공유하고 다 함께 움직여야만 합니다. 건축가는 그렇게 할 수 있는 능력을 가지고 있다고 생각합니다. 그렇지 않다면 CG를 사용하든 알고리즘을 사용하든 실제 형태를 제시하는 데만 머무른다는 점에서 전혀 아무것도 달라지지 않은 태도가 반복됨으로써, 모더니즘에서 한 발자국도 나아가지 못했다는 사실을 스스로 인정하는 결과를 초래합니다. 또 그 결과도 다시 같은 것들을 반복할 가능성이 높아지겠죠.

지난번 편지에서 이누이 씨가 제시하신 또 하나의 포인트는 '아름다움이 타자와의 접점을 만들어낸다'라는 것입니다. 지적하신 대로 저는 형태의 아름다움, 구조의 아름다움, 몸짓의 아름다움을 매우 중요하게 생각합니다. 아름다움은 공감을 불러일으킵니다. 좋은 일이긴 하지만 촌스럽다는 식의 평가를 받는 것은 너무나 안타까운 일이니까요. 좋은 일이라면 다른 사람도 그것을 보고 멋있다고 말해줄 만한 성과물을 내놓아서, 다른 사람이 스스로 참여하고 싶다고 생각할 만큼 아름다운 것을 완성해야 합니다. 예를 들어 마을 만들기 워크숍 전단지에 얇은 물색 종이에 흑백으로 성의 없게 '두근두근 워크숍' 같은 문구가 인쇄되어 있다면 사람들은 그 전단지를 집으려고도 하지 않을 겁니다(웃음). 또 워크숍 결과를 시민에게 보고하는 뉴스레터 디자인도 중요합니다. 프로젝트 웹사이트 디자인도 중요합니다(지금 노베오카 프로젝트에서 한창 논의 중입니다).

커뮤니티는 주변에 배타적인 인상, 이른바 닫힌 인상을 주기 쉽습니다. 사람들이 모이기 위해서는 구심력이 필요한데, 방심하면 내적인 힘이 과하게 들어가고, 그 결과 자칫 외부에서는 참여하기 힘든 배타성을 만들어내고 맙니다. 그 폐쇄된 면을 다시 열기 위해 중요한 요소가 바로 '아름다움'이며 '공감'입니다. 여기서 포인트는 외부에서 '나도 참여하고 싶다'고 생각할 정도의 아름다움이어야 한다는 점입니다. 그래서 그 아름다움은 내가 보기에 아름다운가 어떤가가 아니라, 내 개인적 취향을 넘어 많은 사람들이 아름답다고 생각할 수 있는가가 중요해집니다. 사람들의 행동을 창출하기 위한 아름다움이니까요.

그런 의미에서 공간의 아름다움도 중요합니다. 주민이 스스로 활동하는 계기를 만들기 위해 우리는 매일같이 노력하고 있습니다. 워크숍의 즐거움도 중요하고 참여자끼리 사이좋게 지내는 것도 중요합니다. 서로의 신뢰 관계를 구축하는 것도 매우 중요하고, 시민의 바람을 실현하는 무대를 만드는 일도 물론 중요합니다. 그런데 그러기 위해 우선적으로 중요한 요소는 바로 활동하는 공간이 아름다워야 한다는 것입니다. 건축가가 건물 형태에 너무 집착한 나머지 주민이 개입할 수 없는 도시를 만들면 안 되는 것처럼, 커뮤니티 디자이너가 주민의 인간관계에만 너무 집착해서 공간의 아름다움을 소홀히 하는 것도 좋지 않습니다. 마을에서 누군가가 어떤 커뮤니티에서 활동을 하려고 마음먹었을 때, 스스로 활동하는 무대가 아름답다는 것은 매우 중요한 일입니다. 아름다운 공간이 제시된 순간, 그들의 에너지는 엄청나게 상승합니다. 다른 방법으로는 좀처럼 이끌어내지 못할 만큼 큰 에너지가 방출되는 일도 있습니다. 아름다운 공간이라는 것에 대해 많은 사람이 공감하고 그 장소에 관련된 사람이 되고 싶다고 생각할 때 나오는 힘은 어마어마합니다. 그렇기 때문에 저는 건축가가 그 형태를 충분히 실현할 수 있도록 하고 싶습니다. 주민의 의견을 지나치게 존중해서 건축가를 압박하는 사람도 있지만, 그것은 좋은 방법이 아닙니다. 여기서 주민의 의견이란 거기에 참여하는 '일부 주민의 의견'에 불과하니까요. 게다가 더 많은 사람들을 활동에 참여시키기 위해서는 좀 더 많은 사람들의 공감을 얻을 수 있는 아름다움을 동반한 공간을 만들어낼 필요가 있습니다. 그러기 위해서는 건축가에게 마음껏 공간을 제안받는 편이 훨씬 더 좋습니다. 그 결과 이미 활동에 참여하는 주민도 만족하고, 아직 참여하지 않은 사람도 참여하고 싶어 하는 공간을 창출하는 것이 중요합니다.

이런 일은 결과적으로 '계획자'와 '전용자'와의 접점을 만듭니다. 그런 의미에서, 저는 설령 소화하기 힘든 디자인이 나오더라도 그 장소를 전용하고 사용하는 시민이 공감하는 아름다움을 지닌 공간이라면, 그걸로 충분하다고 생각합니다. 제가 좀 튀는 존재라고 지적하셨듯이, 그 지역에 살지도 않는 저의 튀는 취향으로 공간의 아름다움을 논할 필요는 없는 거니까요.

2011년 8월 29일

야마자키 료

이누이 구미코의 여섯 번째 편지

2011.8.31

야마자키 님께

워크숍에 대한 형식(게슈탈트)의 제안에 대해

오늘은 노베오카 프로젝트에 대해 구체적으로 질문을 드리려고 합니다. 요즘 다이고 씨(studio-L), 에비하라 씨(노베오카 시), 이누이 사무소의 야마네 씨, 이렇게 세 명이 앞으로의 워크숍 진행 방식에 대해 논의를 하고 있습니다. 따라서 그 사안에 맞게 제 나름대로 노베오카에서 전개되고 있는 워크숍에 대해 질문을 만들어봤습니다. 사실 그동안 시민 워크숍이라는 것을 구조적으로 이해하기 위해, 아마추어지만 시간 나는 대로 책을 읽고 있었는데, 그중에서 우연히 랜돌프 T. 허스트의 *《마을 만들기 방법과 기술》을 읽다가, 이것이야말로 왕복 서간에 딱 맞는 소재가 아닐까 하는 부분을 찾았거든요(웃음). 이제부터 질문하겠습니다.

첫 번째 질문은, 노베오카에서는 기존의 '참여형 디자인'은 채용하지 않는 건가? 하는 것입니다. '야마자키 방식'을 살펴보니, 생활자를 그 장소를 사용하는 전문가로 상정하고 질문의 범위를 액티비티로 좁히는 것을 특징으로 하다군요. 거기에 비해 기존의 참여형 디자인 방식은 그 장소를 '알고 있는' 생활자를 상정해 마을 이미지 등에 대한 폭넓은 질문을 계획에 반영하는 예가 많은데 말이죠. 따라서 이번 노베오카에서는 후자와 같은 방식은 전혀 채용하지 않는지 여부에 대해 알고 싶습니다.

야마자키 씨의 책 《커뮤니티 디자인》에 실린 에지마의 예시에서 보여준

*《마을 만들기 방법과 기술》 (랜돌프 T. 허스트&도이 마사토 공저, 현대기획실, 1997)

'생활자=의외로 자신이 사는 곳의 매력을 보지 못한다'는 구도는 정말 흥미로웠습니다. 이런 구도는 비단 일본뿐 아니라 다른 나라에서도 볼 수 있는 일반적인 경향이리라는 생각도 들더군요. 그렇다면 혹시 그런 생각 때문에 야마자키 씨는 노베오카에서도 '마을 이미지' 등에 대해 질문하는 것은 그다지 중요하지 않다고 생각하시는 게 아닐까, 조심스레 상상하고 있습니다. 정말 그런가요?

지금 이누이 사무소에서는 후자의 방식을 택할 경우 의견의 부재를 예방하기 위해, 지금까지 실시한 시민 앙케트를 읽을 것, 노베오카에서 만난 사람들이 노베오카에 대해 가지고 있는 이미지를 가능한 한 많이 알아볼 것, 우리 자신도 상상력을 발휘해 노베오카라는 마을을 파악할 것 등 여러 가지 면에서 노력하고 있습니다만, 과연 이렇게 하는 게 맞는지 걱정이 되는 게 사실입니다. 이런 상황에 대해 야마자키 씨의 의견을 듣고 싶습니다. 이대로 괜찮은지, 나중에 시민 워크숍에서 이미지를 듣고 파악하는 게 나을지, 애당초 노베오카 시 정도 규모의 마을에서는 마을 이미지를 마을 사람들에게 들어도 그다지 큰 효과가 없는 건지, 등에 대한 의견을 말씀해주시면 감사하겠습니다.

그리고 《마을 만들기 방법과 기술》 92페이지에 나온 내용에 대한 질문입니다(쓸데없이 구체적이군요). 워크숍적 '게슈탈트'란 무엇인가란 것에 대해 쓰여 있는데, 제가 이 책에서 특히 재미있게 읽은 부분입니다. 지금 우리가 노베오카 역驛 정비 방침으로 제안하는 **'지라시스시 모델'은 책에 나온 것처럼 '다양한 사람들의 다양한 요구를 동시에 매달아놓은-디자인 윗도리 걸치기-것처럼 되어 있으므로 랜돌프 T. 허스트가 말한 게슈탈트에 해당한다고 생각됩니다. 워크숍이란 방식에는 익숙하지 않지만 이런 모델의 존재가 꼭 필요하다는 생각에 계속해서 읽다 보니, 건축가로서의 감 덕분인지 기쁜 마음으로 두근두근 설레면서 읽게 되더군요. 그러다 95페이지에서 게슈탈트가 두 종류 준비되어 있다고 쓰여 있는 부분을 읽고는 감격했습니다.

사실 지금 제안하고 있는 '지라시스시 모델'은 아주 작은 예이지만, 워크숍에서 의견을 발전시키거나 시청이나 역, 마을 회의에서 조정을 극복하기 위해 프로젝트 틀을 단순화하면서 실행한 예밖에 없었던 '지라시스시 모델'이 그 외에는 없는 것처럼 취급되어서 조금 거리감을 느끼고 있던 참인데, 게슈탈트가 두 종류라는 어드바이스가 기묘한 리얼리티를 갖추고 제 눈앞에 딱 나타났으니까요! 하지만 말은 이렇게 해도, '지라시스시 모델'이 의외로 노베오카에서는 다양한 과제에 응하기 위한 포인트를 억누

* **지라시스시 모델** 개찰과 대합실 등 종래 역의 기능을 가능한 한 분산적으로 배치하여, 그 사이를 뚫듯이 시민 활동 스페이스를 배치한다는 아이디어. 이 작업을 통해 시민 활동에 의한 기분 좋은 두근거림이 역 이미지를 향상시키리라 기대된다(지라시스시 : 초밥을 쥐지 않고 흩뿌려서분산시켜서 만든 것. '흩뿌림 초밥'이라고도 한다. 그릇에 잘게 썬 생선, 달걀부침, 오이, 양념한 채소를 초밥과 섞고 위에 달걀지단, 초생강 등을 고명으로 얹은 초밥을 말한다-옮긴이).

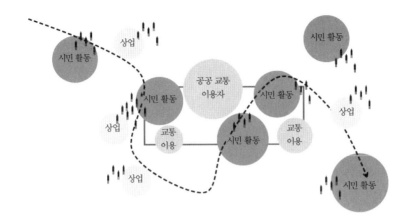

시민 활동을 마을에서도 전개한다.

마을을 찾는 사람이 늘어나면 마을의 회유성回遊性을 향상하고 상업을 활성화하는 하나의 요인이 된다.

르고 있는 것도 확실한 사실이지요. 따라서 어떻게 해야 할지 계속 고민 중입니다. 어떠신가요? 시민의 합의를 이끌어내기 위해 또 하나의 '게슈 탈트'를 만든다는 것에 어떤 의미가 있을까요? 해설 부탁드립니다. 감사합니다.

답장 기다리겠습니다.

2011년 8월 31일

이누이 구미코

야마자키 료의 여섯 번째 답장

2011.9.7

이누이 님께

워크숍에 대한 형식(게슈탈트)의 제안에 대해

많이 기다리셨죠? 드디어 허스트의 책을 펼쳤습니다. 실은 허스트의 책은 아주 예전에 잠깐 읽은 적이 있을 뿐, 거의 최근에는 읽어본 적이 없었거든요. 책이 주는 이미지가 '만들기 위한 커뮤니티 디자인'이라는 인상을 준다는 이유에서였죠. 아시다시피 저는 '만들지 않는 커뮤니티 디자인' 쪽 일이 많아져서, 활동 자체를 디자인하는 커뮤니티 디자인의 경우 이 책에 쓰여 있는 내용이 그다지 도움이 되지 않기 때문입니다.

하지만 오랜만에 다시 읽어보니, 상당히 흥미로운 방법이 많이 제시되어 있다고 느꼈습니다. 우리도 프로젝트를 시작할 때는 우선 사람들의 이야기를 들으러 가고, 스스로 답을 가지고 가지 않으며, 그들이 할 수 있는 것들을 많이 늘려놓고 떠나려고 노력하는데, 이런 태도들은 상당히 비슷하다는 느낌을 받았습니다.

노베오카의 안건은 '형태를 만드는 일'이기도 하니까, 결과적으로 이누이 씨가 허스트의 책을 읽은 것은 아주 잘한 일이라고 생각합니다. 제가 하는 일이 커뮤니티 디자인 일이고 이누이 씨가 하는 일이 설계라고 한다면, 그 사이에 존재하는 것은 분명히 허스트의 책일 것입니다. 다만 저는 허스트가 하지 않은 일에 주목하고 있기 때문에(*팀 빌딩 등), 조금씩 어긋나는 발언을 해버릴지도 모르겠습니다. 그 점은 양해 바랍니다.

---

* **팀 빌딩** 어떤 목적 아래 다른 경험이나 지식, 스킬 등이 있는 다수의 멤버가 하나로 똘똘 뭉쳐 활동하기 위해, 실력을 최대한으로 발휘할 수 있는 조직을 만드는 것.

본론으로 들어가서, 드디어 첫 번째 답변입니다. 지역의 이미지에 대해 생활자에게 의견을 듣는다는 프로세스는 앞으로도 적극적으로는 이용하지 않을 생각입니다. 물론 이 마을의 특징과 과제를 듣는 것 정도는 실행할 것이고, 또 마을의 장래 모습에 대한 희망도 함께 이야기할 겁니다. 하지만 시민에게 마을 이미지에 대해 물으면, 아무래도 건축물의 색이나 형태 이야기로 연결되기 쉽거든요. 그 때문에 듣는 방법에 주의하면서 마을의 장래 이미지 등에 대해서 물어볼 생각입니다. "노베오카는 물과 산과 공장의 마을이니까, 청색과 녹색과 초록색 건물로 했으면 좋겠어요" 하는 식으로 흘러가지 않도록 주의할 필요가 있다는 이야기입니다.

그럼 두 번째 질문에 대해 얘기해보죠. 게슈탈트를 두 개 만들라는 이야기는 서로의 가능성을 놓고 겨루기 위한 공부를 하라는 뜻이라고 이해했습니다만, 맞습니까? 물론 그 두 개를 지양止揚한 것 같은 공간을 만드는 것이 가능하다면 상관없겠지만, 그렇지 않다면 영원히 계속되는 게슈탈트의 중복이 될 듯하군요. 지라시스시 모델이 다양한 요구를 실현하는 것이 가능한 숙련된 게슈탈트로 이루어져 있는 건 확실합니다. 하지만 허스트는 그 위에, 전혀 다른 가능성에 기초를 둔 게슈탈트를 하나 더 만들어 그것을 지라시스시에 대입해보면 나타나는 다른 공간이 있으리라는 말을 하는 것 같습니다. 그렇다면 이 작업은 거의 영원히 계속되어, 더 나아가 다른 게슈탈트를 만들어낸다는 얘기로 흘러가겠네요. 고령자의 요구에 기초를 둔 게슈탈트 다음으로는 어린이의 요구에 기초를 두고, 그다음에는 다시 비즈니스맨의 요구에 기초를 두는 식으로요. 그렇다면 지라시스시 모델이라는 것은 결국 직감적으로 그들의 요구를 골고루 반영해 균형을 잡아주는 게슈탈트를 공간화하는 모델이 아닌가 하는 생각이 듭니다.

가능성 면에서 본다면, 앞으로 워크숍을 진행하는 중에 다양한 의견이 나오고 새로운 의견에 따라 지금까지의 문제 구성 게슈탈트가 조금씩 자신의 모습을 변화시켜가는 것은 충분히 있을 수 있는 일입니다. 그렇게 되면 언젠가 지라시스시 모델만으로는 설명할 수 없는 이야기가 나올지도 모르죠. 하지만 그때 다른 가능성에서 태어난 공간을 적용하는 것이 괜찮을지에 대해서는 다시 검토해야 한다고 생각합니다.

허스트의 표현과는 좀 다를지 모르겠지만, 제가 이전부터 이누이 씨에게 부탁해온 것은 다음과 같은 것들입니다.

① 워크숍 참여자에게 서양풍이나 일본풍, 색채나 형태의 취향 등, 구체적인 공간 이미지는 묻지 않는다.

② 건축 설계 전문가로서 참여자가 '하고 싶은 것'을 중심으로 게슈탈트를 구성하고, 그것을 채우는 공간을 준비한다.

③ 단, 참여자의 요구만 모아놓은 것 같은 공간으로 만들어서는 안 된다. 워크숍에 참여하지 않은 사람들도 쾌적하게 사용할 수 있는 공간이 되도록, 건축가의 마음속에 있는 커다란 공공성을 믿고, '그 밖의 사람'이 추구하는 공간도 거기 포함시킨다.

허스트의 방식과 결정적으로 다른 점은 ①일 거라 생각합니다. 이것은 몇 번이나 설계에 대해 주민의 의견을 물어본 결과, 내린 판단입니다. 미국처럼 3년 정도 설계를 위한 워크숍을 진행할 수 있다면 상당한 시간을 들여 참여자의 이해력을 높일 수 있겠습니다만, 불행하게도 일본에서는 디자인 워크숍에 그렇게 많은 시간을 들일 수 없습니다. 그 때문에 ①에 대해서는 참여자의 취향을 듣는 워크숍으로는 하지 않는 편이 낫다고 생각합니다. 한편 ②는 행동에 기초를 두는 공간 형태의 제시로, 커뮤니티 사람들의 의견이 토대가 되어 이루어집니다. 이것은 첫 번째 게슈탈트와 그것에 기초를 두는 공간 형태입니다. ③은 그 장소에 없었던 사람들도 상상하면서 설계를 넓게 전개한다는 프로세스입니다. 어쩌면 이것이 허스트가 말한 두 번째 게슈탈트에 해당될 수도 있겠네요. 워크숍에 참여하지 않은 사람의 요구와 아직 태어나지 않은 미래 세대의 요구 등, 다양한 요구를 반영하면서 계획을 진행시킨다는 점이 중요합니다. 물론 이것들은 사실 건축가들이 지금까지 공공 건축에서 해온 것이므로 특별한 것은 아닙니다.

지금까지의 제 생각을 정리해보면 '색이나 형태에 대해 주민에게 의견을 묻지 않는다. 오히려 구체적으로 자신들이 그 장소에서 하려고 하는 것에 대해 잘 듣고 그것을 위한 공간을 실현하고, 말을 한 이상 활동할 수 있도록 각각의 사람들을 불러 모은다. 더 나아가 설계 프로세스에 참여하지 않았던 사람도 충분히 즐길 수 있는 공간으로 만든다' 하는 것입니다.

이상입니다. 그럼 이만!

2011년 9월 7일

야마자키 료　109

추신

쿠마 켄고 씨가 설계한 '아오레 나가오카'를 보고 왔습니다. 나가오카 시청의 기능도 포함한 복합적인 건축물이지만, 마을을 향해 열린 중간 문이라는 특별한 공간이 눈에 띄었습니다. 다양한 시민 활동이 상정된, 지붕이 붙어 있는 야외 공간이지요.

건물 중앙에 이런 프리 스페이스를 설계함과 동시에, 건물 내외 곳곳에도 활동 공간이 준비되어 있더군요. 또 활동 공간 가까이에는 목판으로 만든 패널이 사람 키에 맞게 붙어 있어, 시민들이 활용할 수 있도록 고려되어 있었습니다. 실제로 패션쇼나 파머스 마켓 등, 시민 활동도 이루어지고 있으니, 설계 단계에서부터 시민이 참여한 후 활동이 이루어진 것일지도 모르겠습니다.

앞으로 시민들이 이 시설을 어떻게 사용할지 즐겁게 기대해봅니다.

야마자키 료

이동 거리가 엄청나다.

야마자키

가
을
편
지

생활자와 설계자의 커뮤니케이션에 대해

2011.9.10

야마자키 님께

시스템이 열린다는 것과 닫힌다는 것

낮에는 여전히 덥지만 아침저녁으로는 상당히 선선해져서 매일 생글거리며 기분 좋게 지내고 있습니다. 가을은 참 좋은 계절이에요. 하지만 슬픈 게 딱 하나 있는데, 바로 여기저기서 가로수를 정비한다는 것입니다. 가을이 되면 여름 동안 성장한 가지를 싹둑싹둑 다듬는데, 그 모습을 볼 때마다 저는 항상 '아아, 조금만 더 남겨두면 좋을 텐데…' 하고 아쉬워합니다. 특히 저희 집에서 가장 가까운 역 앞 길에 있는 플라타너스는 비참 그 자체입니다. 매년 이 시기에 가지를 다 잘라버려서 마치 성냥개비처럼 비쩍 마른 몸만 남거든요. 지금까지 탐스러운 긴 머리를 뽐내고 있던 미남자가 갑자기 빡빡머리가 된 느낌(?)이라, 어이없이 변한 모습을 보면 제 얼굴이 달아오를 정도입니다. 아, 빡빡머리를 예로 든 건 야마자키 씨한테 실례일지도…(웃음). 그래도 항상 다음 해 7월경에는 멋진 가지를 달고 나무다운 모습을 되찾으니 매년 안심하곤 하지만, 그 와중에 갈색으로 변색된 죽은 줄기가 방치될 때도 있어 가슴이 아픕니다. 게다가 번식력이 왕성한 플라타너스는 그래도 괜찮은데 그렇지 않아 보이는 가느다란 나무가 앙상한 가지를 잘린 것을 보고 있노라면, 매우 안쓰럽습니다. 이럴 바에는 아예 손 쓸 필요 없이 무성하게 길을 덮고 있는 편이 훨씬 더 나을 것 같은데, 결벽 성향이 있는 일본인에게 그런 가로수는 잘 맞지 않는 걸까요? 안타깝게도 가로수라든가 초록의 가치를 공유하는 의식은 자연스럽게 생겨나지는 않는 듯합니다. 뭔가 특별한 시스템이 필요한 것 같군요.

그럼 지난번 편지의 화제로 돌아가서, 집요하게 뉴 바빌론이나 메타볼리즘 얘기를 계속해보겠습니다. 건축 생산 연구자인 *마쓰무라 슈이치 씨의 책 (*《주택이라는 사고방식-20세기적 주택 계보》)에서는 건축 생산 시스템 유닛화에는 두 가지 방향이 있다고 설명하고 있습니다. '클로즈드 시스템'과 '오픈 시스템'이 그것입니다. 일본에서의 클로즈드 시스템은 *오노 가쓰히코 씨의 *세키스이하임M1(1970)이 대표적인 예로 대량생산, 공업화라는 과제를 독자적인 모듈을 동반한 시스템화로 풀어보려고 한 것이죠. 1960년대 메타볼리즘은 이 시대에 뜨겁게 논의된 M1적인 건축 생산 공업화를, 한발 앞서 실현성이 아닌 상징론적인 면에서 전개한 예라고 생각됩니다만, 이전의 편지(다섯 번째 편지)에서도 썼듯이 확장과 갱신이 어렵다는 문제점이 지적된 바 있습니다. 레고 블록을 다이아몬드 블록과 함께 맞출 수 없는 것처럼, 확장성이 시스템적일수록 그 폐쇄성이 극도로 치닫는다는 문제점을 안게 되기 마련이니까요.

한편 오픈 시스템은 H형 강철, C채널 등, 규격을 지켜 생산되며 시장에

116

* **마쓰무라 슈이치(1957~)** 도쿄대학 대학원 공학계 연구과 건축학 전공 교수. 전문은 건축 구법構法, 건축 생산이다. 저서로 《주택이라는 사고방식》(1999), 《건축과 세상을 연결하다》(2005) 등이 있다.
* **오노 가쓰히코(1944~2012)** 건축가. 1970년에 세키스이화학공업과 공동으로 공장 생산 주택 세키스이하임M1을 개발했다. 저서로 《현대 민족과 주거 환경체》(1976), 《일곱 개의 마을 만들기 설계》(1997) 등이 있다.

* **세키스이하임M1** 세키스이하임의 최초 모델이다. 건축가 오노 가
쓰히코가 기본 설계 시스템 개발을 담당했다. 공업화 주택 중에서는
유일하게 '일본의 DOCOMOMO 150선'으로 선정되었다. (사진 제공
: 세키스이화학공업주식회사 주택컴퍼니)

(도코모모DOCOMOMO : 20세기의 중요한 조류인 근대 운동에
속하는 건축과 도시를 대상으로 건물과 자료의 보존을 제창하고
활동하는 비영리 조직체. 창립 이후 네덜란드의 델프트공대, 프랑스
파리의 건축박물관을 거쳐 스페인 바르셀로나에 본부를 두고 있다.-
옮긴이)

117

* 《'주택'이라는 사고방식》
(마쓰무라 슈이치 편저, 도쿄대학출판회, 1999)

유통되는 부품으로 만드는 방법입니다. 그 대표적인 예로는 *임스 저택 (1949)을 들 수 있겠네요. 임스 저택은 임스가 말한 *오프 더 셀프(기성품)'라는 개념이 실현성과 상징성과 함께 떠오르는 희귀한 건축물입니다. M1이나 메타볼리즘의 디자인이 낡은 시대성을 느끼게 하는 것에 반해, 놀랍게도 임스 저택은 언제 봐도 동시대의 집 같은 느낌을 줍니다. 설마 그 건축물에 쓰인 재료가 몽땅 다 지금도 유통되고 있을까요? 아니면, 임스 저택과 현대의 건축 생산이 지속적으로 연결되어 있고, 그것에 감도는 기분 좋은 분위기 때문에 그 느낌이 지속되는 걸까요? 저는 그래서 일부러 손에 든 책에서 다시 한 번 연도를 확인해봤습니다만, 임스 저택이 오히려 메타볼리즘보다 10년도 더 전에 완성되었다는 사실을 확인하고는 경탄을 금치 못했답니다. M1이나 메타볼리즘은 확실히 '보다 빠르게, 보다 시스템적으로'라는 측면에서는 임스 저택을 뛰어넘었을지 모르겠지만, 오히려 상업적 건축론적인 성공이 1950년대에 범용성과 함께 어느 정도 달성했던 오픈 시스템적인 공업화의 가능성의 확산을 막는 방해물로 작용했을지도 모르겠습니다. 당시에도 시스템 정밀화에 동반되는 폐해를 의식하고 있었을까요?

118 야마자키 씨는 메타볼리즘의 좌절에서 '주민의 부재', '계속해서 사용하

* **임스 저택(1949)** 임스 부부(찰스 임스[Charles Eames, 1907~1978]와 아내 레이[Ray Eames, 1912~1988])가 설계한 자택. 잡지 〈아츠 앤드 아키텍처〉가 주최한 케이스 스터디 프로그램에 의해 건설된 케이스 스터디 하우스 중 하나이다.
* **오프 더 셀프(기성품)** 임스 부부가 자택에서 채용한, 모든 건축 자재를 하우스 메이커 카탈로그에서 보고 주문해서 제작하는 건축 방법.

는 시스템의 부재를 꿰뚫어 보시더군요. 확실히 옳은 지적입니다. 하지만 어쩌면 그러기 전에 대두된 건축 생산과 갱신 시스템의 폐쇄성이라는 구조적 결함도 무시할 수 없었던 걸지도 모릅니다. 말하자면 역으로 1960년대에 야마자키 씨가 퍼실리테이터로 존재해 엄격하게 통제된 어느 '슈퍼 주민' 집단을 디자인할 수 있었다 하더라도, 메타볼리즘적인 폐쇄계 신진대사 시스템이 있는 한, 그 생산과 갱신에는 한계가 있었을 거라는 얘기지요. 시스템이 지나치게 특수해 그것을 운용하는 데 너무 많은 동력이 들거든요. 바꿔 말하면 공중에 붕 떠서 지면에 닿을 수 없는 뉴 바빌론과 근원적으로 같은 문제가 존재하는 게 아닌가 하는 느낌이 듭니다. 어쩌면 제가 너무 몰라서 잘못 해석한 걸 수도 있지만요.

물론 이런 폐쇄계의 문제들은 비단 건축의 생산과 갱신에만 관련된 문제는 아닙니다. 조직의 디자인도 클로즈드 시스템인지 오픈 시스템인지에 따라 그 유연함이나 수명이 전혀 달라지겠지요. 당연히 야마자키 씨는 오픈 시스템으로서의 커뮤니티를 디자인하는 것을 지향할 텐데도 공간 디자인의 아름다움이 그 시스템에 일조한다는 말씀을 해주셔서 굉장히 기뻤답니다. 또 오늘 함께한 *GS디자인 워크숍 강평회에서도 그렇게나 입장이 다양한 강사진이 있음에도 모두가 디자인의 힘에 대해 말하고 있

119

* **GS디자인 워크숍**(Groundscape Design Workshop, 이하 GSDW) 2004년부터 매년 여름에 개최되어 온 디자인 워크숍이다. GS디자인회의 주최하에 건축, 도시, 토목, 조경, 역사, ID 등을 배운다. 마을에 관심이 있는 학생을 전국에서 모아 4~5명으로 그룹을 구성, 그룹별 8일간의 프로그램으로 이루어지며, 각 분야에서 활발히 활약하는 사람들을 강사로 초빙해 제안에 대한 에스키스나 평가가 주어진다. 구체적인 장소를 설계자 대상지로 삼기 위해, 주변과의 관련성도 사고한 제안이 요구된다. GSDW의 가장 큰 특징은 보통 대학에서는 이루어지기 힘든, 타 분야 학생과의 논의의 장을 제공한다는 점이다. 전공이 다양한 학생들이 그룹이 되어 하나의 제안을 하기 때문에, 각각 당연하게 생각하고 있던 것들이 무너지고 부딪치며, 상당히 뜨거운 논의가 전개된다. GSDW에 참여한 학생들이 사회인이 된 후에도 교류를 가지고 전문 분야에 관계없이 논의를 지속한다는 점도 GSDW의 특징 중 하나이다.

다는 것에도 많은 용기를 얻었습니다. 게다가 오늘 돌아오는 길에 *시노하라 오사무 씨가 "이누이 씨, 건축가로서 마을 만들기에 관여하시네요" 하고 말씀하셨는데, 그 말을 "당신들의 건축 디자인 센스를 살려 마을 만들기에 공헌하시오"라는 의미라고 제멋대로 해석하고는, 계속 혼자 히죽히죽 웃으며 기뻐하는 중입니다. 맞아요. 건축가는 이렇게 변죽이 좋아야죠(웃음). 오늘도 고생 많으셨습니다(아, 왕복 서간 인사말에 이런 말을 쓰는 건 좀 이상할까요?).

아, 이제 마무리하려는데 지금에야 생각이 나네요! 이전 편지에 나왔던 '아름다움'에 대한 이야기가 어느새 '공간의 아름다움'으로 그 범위가 좁아져버린 것 같은데, 앞으로는 좀 다른 면도 이야기해보고 싶습니다. 도시를 전용해가는 멋진 아름다움 같은 것으로요. 그럼 이만 총총.

2011년 9월 10일

이누이 구미코

* **시노하라 오사무(1945~)** 토목 설계가. 2005년 토목·건축·도시계획·조경·산업디자인 등 분야를 초월한 전문가 네트워크 'GS(그라운드스케이프) 디자인회의'를 나이토 히로시 등과 함께 발족해 종합적인 마을 만들기와 공간 디자인을 실천하고 있다. 주요 저서로는 《토목을 디자인하다》(2003), 《도시의 수변(水邊)을 디자인하다》(2003), 《시노하라 오사무가 말하는 일본 도시》(2006) 등이 있다.

야마자키 료의 일곱 번째 답장

2011.9.16

이누이 님께

시스템이 열린다는 것과 닫힌다는 것

아시야에서 야마자키입니다. 오늘은 하루 종일 집에서 원고를 썼습니다. 그러다 오늘 일은 이 정도로 마무리할까 하던 차에 이누이 씨한테 온 편지에 답장을 하지 않았다는 사실이 생각나서 다시 노트북을 열었죠. 하지만 이건 사실 '일'이라기보다는 즐기면서 하는 거니까, 지금부터의 시간은 편안하고 즐거운 시간으로 만들어보겠습니다.

가로수를 마구잡이로 가지치기하는 것은 정말 유감스러운 일입니다. 사실 이건 일본뿐만 아니라 이전에 살았던 호주의 멜버른에서도 똑같았습니다. 어느 날 갑자기 가로수가 빡빡머리가 되어버리는 거죠. 제 외양도 포함해서 빡빡머리는 굉장히 어이없는 모습입니다. 항상 '조금만 더 남겨두면 좋으련만…' 하는 생각이 들게 하거든요.

이런 마구잡이 가지치기는 아마도 주민한테서 불평이 나오기 전에 선수를 치기 위한 전시 행정의 대표적인 폐해일 것입니다. '가로수 가지가 너무 길게 뻗어서 우리 가게 간판이 보이지 않는다', '낙엽이 너무 많아서 청소하기 힘들다', '보행자 얼굴에 가지가 부딪쳐 위험하다' 하는 전화가 걸려올 때마다 죄송하다고 말해야 하는 행정이 꼼수를 부린 거죠. 하지만 그렇다고 해서 해마다 몇 번이나 가지치기를 할 수 있는 비용은 충당되지 않습니다. 그것이야말로 세금을 낭비한다고 시민들에게 지적을 받을 테니까요. 이런 이유로 일 년에 단 한번. 나무를 빡빡머리로 만들어 주민에게 불평이 나오지 않도록 예방하는 것입니다.

이것이야말로 커뮤니티의 부재에서 생긴 문제입니다. 그 지역에 사는 사람들의 합의만 받아서 모두가 "아니, 초록이 우거진 게 좋잖아. 가지를 풍성하게 뻗어서 보도에 녹음이 우거지면 훨씬 기분 좋지 않을까?" 하는 이야기가 나온다면, 가로수의 마구잡이 가지치기에 대한 방침에 대해서도 주민들이 행정에 제안할 수 있게 되는 거죠. 가게 간판이 보이지 않는다고 했던 사람 입장에서도 녹음이 우거져서 걷기 좋은 길이 되어 통행량이 늘어나면 결과적으로는 가게에 들르는 사람이 더 많아져 이익을 볼지도 모릅니다.

낙엽 문제도 모두 함께 모여 청소를 하거나 비료화하든가 태우든가, 아무튼 함께 즐기는 것으로 연결할 수 있는 방법은 얼마든지 있습니다. 하지만 보통은 주민 대부분이 낙엽에 무관심하고 항상 정해진 사람만 청소를 해야 하니 문제가 커질 수밖에요.

지역 커뮤니티가 힘을 합쳐 아름다운 거리를 만들고, 그것을 키워내는 일. 그것이 가능해진다면 결과적으로 즐거운 프로그램이 생기고, 신뢰할 수 있는 친구도 생기고, 가게를 찾는 손님이 늘어나고, 건물이나 토지 등의 자산 가치도 올라가겠지요. 이런저런 면을 생각하면 커뮤니티 디자인이 해야 하는 일은 아직도 무궁무진합니다. 실은 제가 랜드스케이프 디자이너에서 커뮤니티 디자이너로 방향을 바꾼 이유 중 하나도 여기에 있습니다. '아름다운 풍경'이란 것은 랜드스케이프 디자이너가 마을을 디자인하는 것만으로는 지속 가능하지 않다는 걸 깨달았기 때문이죠. 이것이 커뮤니티 디자인의 필요성에 대해 생각하게 된 계기였습니다. 마을뿐만이 아닙니다. 공원을 설계할 때도 마찬가지입니다. 랜드스케이프 디자이너는 보통 되도록 낙엽이 떨어지지 않는 가로수를 선택해달라는 말이나 되도록 너무 편안하지 않은 벤치를 디자인해달라는 말을 듣습니다. 그 결과 공원에는 상록수만 심고(되도록 그루 수를 적게 하기 위해) 노숙자들이 잘 수 없는 벤치를 디자인하게 되는 거죠. 예를 들어 그런 점을 어떻게든 잘 조절해 아름답게 만들었다 하더라도, 그런 종류의 노력 자체가 이미 부정적이기 때문에 근본적인 문제를 해결하는 것이라고는 생각할 수 없습니다.

하지만 그렇다 해도 그걸 행정의 잘못으로 단정 지을 수만은 없는 게 현재 커뮤니티의 상황입니다. 행정 하시는 분들도 어떤 풍경이 더 아름다운지는 잘 알고 있습니다. 하지만 그것을 실현하려면 처리해야 할 과제가 너무 많아집니다. 주민의 불평에 대응하다 보면 다른 일은 할 수 없게 됩니다. 따라서 불평이 많은 공원이나 거리를 계속 늘어나게 할 수는 없는 거죠. 이러다 보니 '낙엽수는 심지 말 것', '가로수 그루 수는 되도록 적게', '벤치는 잘 수 없는 구조로' 등의 주문이 나오게 됩니다. 그러면 디자이너는 그런 상황에 개탄하며 이상적인 디자인을 제안하고, 행정은 디자이너는 이상적인 것만 말한다며 비난하다가, 결국 자신들의 말을 잘 들어주는 다른 설계자에게 부탁해 행정의 의도대로 설계도를 그리게 합니다. 그러면 또 안목 높은 시민들은 왜 공간을 이런 식으로밖에 못 만드느냐며 낙담하게 되는 거죠.

참 불행한 악순환, 불행한 관계가 아닐 수 없습니다. 지역 주민들이 이상적으로 여겨지는 풍경에 대한 생각을 공유할 수만 있다면, 가로수는 어느 정도는 뻗어 있어도 OK라는 결론을 내릴 것이고, 공원에는 초록이 무성하고 사계절의 변화를 느낄 수 있는 낙엽수를 심을 것이고, 벤치도 느긋하게 앉아서 몇 시간 동안 아이들과 함께 노는 모습을 기대할 수 있는 모양으로 디자인할 수 있을 텐데요. 그러기 위해서는 '커뮤니티 의사 意思'가 필요합니다. 그것이 생성되지 않는 한, 풍경(랜드스케이프)을 디자인한다는 말은 할 수 없지 않을까요? 사실 제가 랜드스케이프 디자인의 길을 벗어나 커뮤니티 디자인 일을 시작하게 된 이유 중 하나가, 바로 이런 생각 때문이었습니다.

오픈 시스템과 클로즈드 시스템 이야기는 항상 매우 흥미진진합니다. 옛날 비디오데크에 비유하자면 VHS와 베타의 차이라고 말할 수 있을지도 모르겠네요. 소니는 지금도 자사 시스템으로 모든 걸 해결하려고 하는 경향이 강한 것 같지만, 우리는 오픈 시스템과 클로즈드 시스템에 각각 어떤 특징이 있고, 그것들이 각각 어떤 범위를 가지고 있는지 지금까지 몇 번이나 지켜봐왔습니다. 컴퓨터 여명기에는 IBM이 취한 전략과 NEC의 전략이 서로 달랐지요. IBM은 컴퓨터 아키텍처를 공개해 전 세계의 부품 메이커가 같은 사양으로 컴퓨터를 만들 수 있도록 했습니다. 반면 NEC는 자신들의 규격으로 둘러싸여 있었기 때문에, 예전에는 윈도우라 불리는 OS조차도 NEC용과 그 밖의 것으로 분리되어 있을 정도였습니다. 하지만 그대로는 버틸 수 없어서 결국 NEC도 다른 컴퓨터와 같은 규격으로 바뀌었지요.

최근에는 OS자체의 오픈 시스템도 성행하더군요. *리누스 토발즈가 개발한 리눅스는 많은 사람들의 손으로 점점 버전 업되거나 주문 제작됩니다. 반면 윈도우즈는 마이크로소프트사가 아닌 누군가가 변경하는

127

* **리누스 토발즈(1969~)** 핀란드 출신의 프로그래머. 리눅스(Linux)를 개발해 1991년에 일반에 공개했다.

것은 거의 불가능하지요. 휴대폰 OS를 살펴보면, 애플의 iOS나 마이크로소프트의 윈도우즈보다 구글의 안드로이드가 우세를 떨치고 있습니다. 이것도 리눅스를 바탕으로 한 오픈소스 OS인데, 이미 스마트폰 OS로는 톱 셰어를 차지하고 있습니다. 애플리케이션 수도 갑자기 급속도로 늘어나서, 아무래도 애플의 아이폰용 애플리케이션보다도 충실하지 않나 싶습니다(이미 이 편지를 쓰고 있는 동안에 iSO용 애플 수를 넘어섰을지도 모릅니다).

그런 의미에서 지적하신 대로 우리가 돕고 있는 커뮤니티도 되도록이면 오픈 시스템이었으면 합니다. studio-L의 방식을 밀어붙이는 게 아니라, 보다 많은 시민이 관여하게 함으로써 충실해지는 커뮤니티의 존재 방식 때문입니다. 프로젝트의 진행 방식조차도, 워크숍 참가자와 함께 생각하고 계속 개선해나가야 한다고 생각합니다.

사실 워크숍 진행 방식 중에도 오픈 스코어와 클로즈드 스코어라는 것이 있습니다. 스코어는 사람들의 액티비티 방향을 정하는 악보 같은 것입니다. 이 개념은 랜드스케이프 디자이너인 로런스 핼프린이 쓴 책 *《집단에 의한 창조성의 개발》에 나와 있는 것이기도 합니다만, '집으로 돌아가 TV를 켜고 채널 2의 뉴스 프로그램을 두 시간 동안 시청하시오' 같은

* 《집단에 의한 창조성의 개발》
(로런스 핼프린 · 짐 번즈 지음, 스기오 신타로 · 스기오 구니에 옮김, 마키노출판, 1989)

것이 극단적인 클로즈드 스코어입니다. 반면에 오픈 스코어는 '집에 돌아가서 TV를 켜고 보고 싶은 프로그램을 시청하시오' 같은 식이죠. 혹은 좀 더 열린 것이라면 '집에 돌아가서 하고 싶은 것을 하시오' 같은 게 될 수도 있겠네요.

우리는 워크숍을 진행하면서 그 스코어를 어느 정도로 열린 것으로 하느냐에 따라, 참가자의 액티비티를 제어할 수도 있고, 역으로 예측 불가능한 액티비티를 유발할 수도 있습니다. 따라서 워크숍이 어떤 단계에 있을 때, 어느 정도로 오픈/클로즈드 스코어를 적용할 것인가에 대한 것을 판단하는 것이 퍼실리테이터의 역할이기도 합니다. 또 이렇게 하나씩 액티비티를 의식하면서 스코어를 맞춰 전체 프로그램을 디자인하는 것이 워크숍의 프로그램 디자인입니다.

더 나아가 이 프로그램을, 당일 모인 사람들의 면면, 분위기, 화제에 따라 유연하게 변화시키는 것도 필요합니다. 사전에 준비한 프로그램을 무리해서 계획대로 적용하려고 하면 결과적으로 워크숍의 분위기가 나빠지거든요. 하려고 했던 액티비티를 멈추고 다른 액티비티를 삽입하거나 휴식 시간을 끼워 넣거나 아예 자유 시간을 주거나 해서, 그때그때 가장 효율적인 커뮤니티를 만들 필요가 있습니다. 경우에 따라서는 진행 방식 자체에 대해서도, 당일 워크숍 자리에서 참가자와 의논해서, 그것조차 오픈 시스템다운 워크숍 매니지먼트로 아예 바꿀 수도 있습니다.

무엇을 어디까지 오픈할 것인가는 상황에 따라 달라지겠지요. 누구를 위해 오픈하는지 명확히 할 필요가 있습니다. 오픈 시스템이 제대로 진행되면 보다 다양한 사람이 그 커뮤니티에 관여할 수 있게 되고, 다양한 의견을 조정하면서 매니지먼트를 진행할 수 있게 됩니다. 그렇게 되면 결과적으로 우리는 필요 없을지도 모릅니다. 하지만 그것이야말로 우리의 진짜 목표입니다. 우리가 그 커뮤니티에서 필요 없는 존재가 되는 것! 앞에서 언급한 IBM은 컴퓨터 제조 노하우를 공개한 다음, 자사 컴퓨터 제조를 중지했습니다(지금은 대만 기업이 IBM 브랜드를 인수했습니다만). 그걸로 충분하다고 생각합니다. 회사를 존속시키기 위해 억지로 역할을 만들어낼 필요는 없으니까요. 회사가 그 역할을 완수하고 사라지는 것은 매우 아름다운 일이라고 생각합니다.

studio-L도 그런 회사이길 바랍니다. 커뮤니티라는 건 애당초 누군가가 외부에서 와서 무리하게 뭔가를 만들어내는 것이 아니니까요. 일본의 커뮤니티가 건전하게 활성화되어, 우리가 도와줄 필요가 없는 세상이 실현된다면 더할 나위 없겠지요. 그렇게 되면 우리는 아름답게 사라질 겁니다. 흐음, 남은 인생은 무얼 하면서 보낼까나(웃음).

그리고 '공간의 미' 외에 '유종의 미'라는 말도 있지요. 무조건 지속되기만 하면 되는 일은 없으니까요(웃음).

2011년 9월 16일

야마자키 료

이누이 구미코의 여덟 번째 편지

2011.10.1

야마자키 님께

상업과 시민 활동의 충돌

자치단체와 함께 일을 진행하다 보니 9월은 정말 정신이 하나도 없었습니다. 그런 경험은 처음 해봤거든요. 대처하느라 우왕좌왕하다 보니 편지를 못 써서 결국 답장이 이렇게 늦어버렸네요. 죄송합니다. 하지만 그사이에 두 번이나 노베오카에서 미팅을 했기 때문에 오랜만이라는 기분이 들지 않는다는 게 함정! 편지가 늦어지게 된 데 대한 멋진 핑계가 되어버렸습니다. 그럼 다시 기본으로 돌아가보죠. 지난달, 가고시마에 마루야 가든즈를 보러 갔던 일부터 시작해보겠습니다.

마루야 가든즈 앞에 도착한 시간은 월요일 저녁. 아케이드는 쇼핑 온 손님으로 북적이고 주위 분위기도 상당히 화려하더군요. 가고시마 시가 이렇게 번화한 곳이라는 걸 미처 몰랐기 때문에 상당히 의외라는 인상을 받았습니다. 마루야 가든즈에는 세련된 분위기가 흐르고 있었고, 도쿄나 오사카 등의 대도시 혹은 해외에 본사가 있을 것만 같은 고급스러운 부티크가 굉장히 많이 들어서 있어서, 이곳이 가고시마라는 사실을 잠시 잊어버릴 정도더군요. 그런 도회적인 세련미 속에 가끔씩 시민 활동 공간이 숨겨져 있는 법인데, 마루야 가든즈만큼, (공간의 정치성이라고 말해도 될까요?) 거기서 이루어지는 일들의 관계성이 극명하게 드러나는 건축물은 지금까지 거의 본 적이 없었던 것 같습니다. 상업주의와 시민 활동이 어느

133

장소에서는 융합하면서 또 다른 장소에서는 대치되어 있고, 어느 장소에서는 살짝 반목하면서 공존하더군요. 각 플로어를 걸으면서 가든을 발견할 때마다 생생한 '공간 전쟁'이 일어나는 듯해서, 가슴이 두근두근 쿵쾅쿵쾅 거릴 정도였습니다. 심장에 살짝 무리가 갔을지도 몰라요(웃음).

마루야 가든즈를 만들 때 *공생 경제'나 *공정 무역' 등의 개념은 당연히 염두에 두었을 테고, 그 때문에 시민 활동을 백화점에서 전개해야겠다는 아이디어가 나온 것이라 생각합니다. 하지만 실제로 플로어를 채운 임대 점포를 보니, 역시 글로벌 경제에 영향을 받는 경쟁 원리에 따라 경영하는 점포가 많은 것 같은 느낌이 들었습니다. 이런 경우엔 상업적인 화려함으로 넘칠지 몰라도, 그 속에서 시민 활동을 즐겁고 아름답게 보이도록 하는 것은 지극히 어려운 일이지요. 시민 활동이 이루어지지 않는 가든도 있었기 때문에 정확한 감상은 아닐지도 모르겠지만, 몇 개의 가든은 상업주의에 압도된 인상을 지울 수 없었습니다.

반면 조성이 잘되어 있다고 느낀 곳은 4층 카페입니다. 놀랍게도 카페 입구 쪽에 시민 활동 스페이스 가든이 자리 잡고 있더군요. 카페 자리는 시민 활동 스페이스 안쪽에 펼쳐져 있었는데 카운터를 겸한 나지막한 파티션으로 온화하게 경계를 지었다는 점이 상당히 좋았습니다. 이 파티

134

* **공생 경제** 연대, 참가, 협동을 원리로 하는 공생형 경제로, 지역에 근거를 둔 경제.
* **공정 무역(페어 트레이드)** 개발도상국의 생산품을 적정한 가격으로 계속적으로 수입하고 소비하는 거래를 말한다. 도상국의 고용을 창출함으로써, 빈곤 해소나 경제적 자립을 촉발해 전 세계 남북 간의 경제 격차의 해소를 목적으로 한다.

'마루야 가든즈' 외관

'마루야 가든즈' 4층 카페

선 덕분에 편안하게 시민 활동을 할 수 있고, 카페를 이용하는 사람도 신경 쓰지 않을 수 있겠더군요. 동시에 '과연 카페에서 수다 떠는 것과 시민 활동의 차이란 게 대체 뭘까?' 하는 예리한 의문까지 들게 할 만큼 상당히 비평적인 파티션이었습니다. 중요한 것은 양자의 영역이 공간적으로 구분되어 있지 않다는 점입니다. 나지막한 파티션이라서 일어서면 그 안이 보이는데, 그곳도 인테리어가 통일되어 있어서, 그런 점을 잘 표현해 주더군요. 그중에서도 가장 멋진 건 칠판이었습니다. 시민 활동 스페이스의 칠판 벽과 델리 카운터 윗부분에 걸려 있는 칠판이 서로 공명하듯 설치되어 있어서, 이 카페와 시민 활동의 관계성이 디자인을 통해 상징적으로 표현되었더군요.

7층 가든도 좋았습니다. 시민 활동 스페이스에서는 그곳을 사용하는 시민의 마음을 고양시키는 역할도 중요합니다. 따라서 상업주의를 배제할 필요는 없지만, 그렇다고 상업적 분위기에 휘둘러서 한심하게 보이는 것은 당연히 좋지 않겠지요. 하지만 어마어마한 금전적·인적 자본을 쏟아부어 세련됨을 다투는 상업 공간 앞에서는 아무리 콘텐츠가 좋아도 시민 활동의 소박함이 빈곤해 보이기 마련입니다. 7층의 가든 디자인이 영리한 점은, 옥상 정원을 향해 크게 열린 출입문 부분이 주위의 가게

'마루야 가든즈' 7층 가든

에서 풍기는 상업주의를 중화하는 느낌을 준다는 것입니다. 일반적으로 상업 공간은, 분위기나 자외선 등 통제하기 어려운 외부의 존재를 싫어하기 때문에 열린 부분이 없는 곳이 많습니다. 그것을 역으로 이용함으로써 상업적인 냄새를 지우는 거죠. 정말 똑똑하네요. 게다가 외부라는 존재는 시민 활동 자체가 아닌 중성적인 존재이기도 해서 시민 활동과의 친화성을 높여준다는 점에서도 아주 적절하더군요. 주변 가게들은 물건을 팔기 위해 마구 달려들지도 모르지만, 느긋하게 먹고 마시자는 분위기가 형성되어 있으니 크게 신경이 쓰이지 않는 거죠. 아무튼 여기에서도 관계성이 제대로 디자인되어 있다는 점에 감탄했습니다.

그다음으로 D&Department 옆에 있는 테라스 일대는 정식 가든으로 만든 공간은 아닌 것 같습니다만, 시민 활동이 이루어진다 하더라도 괜찮을 것 같은 느낌이 들었습니다. 아까 이곳에서는 누구나 다 먹고 마신다고 표현했는데, 물건을 팔더라도 상업 활동과 시민 활동이 서로 충돌하지 않을 수 있다는 걸 이해하게 해준다는 점이 좋았습니다. 일상생활의 이미지와 연결해, 고객층이 이 넓은 잡화점의 주인일 수도 있다고 이해하는 방법도 유용할 것 같습니다.

지금 일본에서는 다양한 공공 건축 레노베이션이나 개조가 이루어지고

'마루야 가든즈' 테라스

있습니다만, 기존 건축 사이즈가 그곳에 적용한 프로그램에 꼭 들어맞는 예는 거의 없습니다. 대부분 공간이 남거나, 혹은 남는 공간을 다른 용도로 나눠서 쓰는 등, 지금까지의 건축계획학에서는 생각할 수도 없는 조합의 프로그램을 함께 구성해야 하는 일이 생겨나지요. 시부야 한복판에 근로복지회관의 일부가 개조된 걸 봤는데, 왠지 촌스러운 공공 건물 창구 앞에 시부야스러운 도회적인 차림새의 남녀가 찰싹 달라붙어

시부야구립 노동복지사회관의 컨버전 (도쿄 원더사이트 시부야) (사진 제공 : 도쿄 원더사이트 ⓒTokyo Wonder Site / 전시 풍경은 '도시의 디오라마 : Between Site & Space' 2008)

있는 화려한 카페가 있고, 그 옆에는 현대미술 갤러리로 가는 하얀 복도
가 펼쳐져 있더군요. 이런 용도가 혼재된 풍경은 아무리 봐도 불편한 느
낌을 줍니다. 단순히 편의성만 추구한 결과지요.

어쩌면 거리나 야외 공간이 쉽게 받아들여질 수 있는, 예를 들면 *얀 겔
이 말한 다양한 사회 활동을 고려한 건축이 아직 제대로 만들어지지 않
았기 때문일지도 모르겠습니다. 잡거빌딩(여러 업종의 기업 따위가 한데 들어
있는 빌딩), 백화점 등의 빌딩 형태가 책임지고 떠맡아온 문제지만, 그것이
쾌적함과 공존하는 경우는 많지 않은 것 같습니다. 마루야 가든즈에서
펼쳐지고 있는 상업주의와 시민 활동의 공간을 둘러싼 분쟁, 그리고 거
기서 발견할 수 있는 전략과 전술은, 시민 활동 공간론을 넘어 다양한
문제를 제기한다는 생각이 듭니다.

2011년 10월 1일

이누이 구미코

* **얀 겔**(1936~) 덴마크 도시 디자이너. 유럽 최초의 보행자 공간인 코펜하겐 스트뢰에를 설계했다. 저서
로 《삶이 있는 도시 디자인》(1971) 등이 있다.

야마자키 료의 여덟 번째 답장

2011.10.11

이누이 님께

상업과 시민 활동의 충돌

우오즈에서 야마자키입니다. 오늘은 강연회 때문에 후쿠야마 현의 우오즈에 왔습니다. 트위터로 친구가 '후쿠야마에 가면 다시마절임(도미나 연어나 단새우 등의 회를 다시마에 끼워 하룻밤 재워놓은 것)을 꼭 먹어라' 하고 귀띔해주더군요.

그 글을 본 강연회 사무국 관계자분이 친목회 자리에 다시마절임을 준비해주셨습니다. 얼마나 기뻤는지 모릅니다. 다시마절임에 대해 말해준 친구도 고맙고, 그걸 보고 다시마절임을 준비해준 사무국 관계자분도 감사합니다. 다시마절임이 정말 너무너무 맛있었기 때문에 친목회가 끝나고 호텔에 돌아온 지금도, 포장해서 가지고 온 다시마절임을 먹으면서 편지를 쓰고 있습니다.

우선 마루야 가든즈를 보러 와주셔서 감사합니다. 정말 용케도 여러 가지 면을 꿰뚫어 보셨더군요. 시민 활동과 상업 활동의 관계성을 어떻게 공간 디자인에 반영할까에 대해서 말이죠. 이 부분은 마루야 가든즈의 레노베이션을 담당한 미캉구미(일본의 건축가 집단 이름-옮긴이)의 다케우치 씨가 애써주셨습니다. 그리고 전관 디렉터를 담당한 나가오카 겐메이 씨의 밸런스 감각에 따른 것이기도 하고요.

가장 고생하신 건 다케우치 씨였죠. 나가오카 씨는 상업적인 방침을 말씀하시고, 우리는 시민 활동에 대해 주문했으니까요. 또 커뮤니티 활동 내용이 빠짐없이 나와야 인테리어나 설비를 정할 수 있기 때문에 설계도 늦어지고, 임차인과의 관계를 생각하면 공간을 나누는 편이 좋은 경우도 생기고, 또 반대로 나누지 않는 게 좋은 경우도 생깁니다. 다케우치 씨가 그것들을 일일이 정성 들여 설계에 반영해주셨습니다. 7층 가든에 대해서도 마지막까지 출입구를 어떻게 하느냐를 놓고 다양한 논의가 있었습니다.

결과적으로 이누이 씨가 지적한 대로 7층은 굉장히 좋은 분위기로 잘 완성되었습니다. 특히 외부 공간과 커뮤니티 활동의 친화성이 높다는 점을 실감할 수 있지요. 제가 랜드스케이프 디자인 분야에서 커뮤니티 디자인 분야로 옮긴 건, 어쩌면 필연이었을지도 모르겠습니다. 외부 공간과 접해 있으면, 단지 과도하게 세련된 공간을 '만들어서 집어넣는 것'이 어려울 뿐이지, 다른 면은 다 좋습니다. 즉, 커뮤니티 활동 등과의 관계성이 더 중시되고 그것을 프로젝트로 기획하는 것이 가능해집니다. 만일 제가 처음 시작한 일이 건축 설계였다면 아마 저는 커뮤니티 디자인이라는 일을 시작하지 않았을지도 모르겠습니다.

142 이누이 씨의 말씀대로 최근 레노베이션에 대해 말하자면, 공간의 용량과

프로그램을 일치시키는 경향이 있습니다. 마루야 가든즈 프로젝트에서 처음으로 지적된 점도 바로 이것이었습니다. 그 건물은 예전에는 미쓰코시가 경영했던 탓에 바닥 면적 전부를 임대 점포로 메우는 것이 불가능해 계획을 철수한 경험이 있으니까요. 하지만 나중에 들어온 마루야 가든즈에서도 모든 면적을 임대 점포로 메우는 것은 상당히 어려운 일이었습니다. 가령 그렇게 했다고 하더라도 이미 상권으로서는 그만큼 넓지는 않기 때문에 손님이 그렇게 많이 늘어날 것 같지도 않았고, 따라서 서서히 빈 공간이 늘어갈 가능성이 높은 듯 보였습니다. 그렇기 때문에 오히려 '만일 그렇다면 처음부터 빈 공간을 만들어놓고 그것을 단순히 노는 공간으로 조성하는 게 아니라, 지역의 다양한 커뮤니티가 활동하는 가든으로 만드는 게 어떨까' 하는 생각을 했던 것이죠. 말하자면 '시민 활동이 시민을 부르고 임대 점포와의 협동을 낳고, 그 결과 지금까지는 없었던 상업 시설을 만든다면, 빈 임대 점포가 나오는 사태를 막을 수 있지 않을까' 하는 것들을 당시에 생각했던 것입니다.

역으로 말하면 만일 마루야 가든즈의 인기가 높아져서 많은 손님들이 찾아오게 되어 가게를 내고 싶다는 사람이 늘어나면, 가든을 임대해서 사용하는 것도 가능해집니다. 이럴 때 중요해지는 것이 바로 연간 어느 정도의 비율로 상업 공간을 사용하고, 어느 정도의 비율을 시민 활동으로 사용하는가 하는 기준을 세우는 것입니다. 가든의 상업 공간 이용률이 20퍼센트를 넘으면 마루야 가든즈의 콘셉트가 달라지는가, 아니면 40퍼센트까지는 괜찮은가, 하는 것들도 오픈한 다음에 신중하게 지켜봐야 할 점입니다. 현재 상업 공간이 점점 늘어가고 있다고 합니다. 어떤 의미로는 바람직한 일이지요. 마루야 가든즈에 가게를 내고 싶다는 사람이 많아졌다는 얘기고, 그만큼 많은 손님이 찾기 때문에 임대 점포의 수가 늘어났다는 얘기도 되니까요. 하지만 가든의 상업적 이용이 어느 수준을 넘어서면 마루야 가든즈도 다른 상업 시설과 똑같이 인식될지도 모릅니다. 그렇게 되면 당연히 마루야 가든즈의 오리지널 콘셉트가 의미를 잃겠지요.

그렇기 때문에 가든을 시민 활동을 위해 사용하는 비율과 상업 활동을 위해 사용하는 비율을 확실하게 검토할 필요가 있습니다. 사실 저번에 마루야 가든즈에서 커뮤니티에 대한 회의를 했는데, 위의 말들은 그때 제가 했던 말들입니다. 여기서 더 나아가면 경영에 대한 비판이 되므로 마루야 가든즈 경영진의 현명한 방침을 기대하겠습니다.

한편으로는 커뮤니티 동료 간, 혹은 커뮤니티와 가게들 간에 재밌는 협동이 이루어지기도 했습니다. 커뮤니티 시네마가 상영되는 영화 테마에 맞춰 가스펠을 공연하는 커뮤니티가 등장하거나, '유기농'을 테마로 커뮤니티나 점포들이 협동해 전관 이벤트를 실시한다거나 하는 식이죠. 이런 관계성이 백화점 속에서 생긴다는 사실이 마루야 가든즈의 특징을 드러내는 데 공헌하고 있습니다.

백화점은 '디파트먼트 스토어'라는 말대로, 부서마다 나눠진 임대 점포가 모여 있는 스토어입니다. 하지만 보통은 임대 점포들 간, 혹은 임대 점포와 커뮤니티의 연계를 거의 기대할 수가 없지요. 그러나 마루야 가든즈에서는 그것이 조금씩 실현되고 있습니다. 이 부분에 마루야 가든즈다운 특징이 존재하는 게 아닌가 생각합니다. 어떤 커뮤니티가 하려고 하는 일에 임대 점포가 응하는 경우도 있고, 마루야 가든 측이 기획한 것에 임대 점포와 커뮤니티가 응하는 경우도 있습니다. 이런 즉흥극과 같은 협동이야말로 마루야 가든즈의 특징이 되겠지요.

저는 이런 애드리브 같은 협동을 좋아합니다. 말하자면 누군가 "다시마절임을 추천합니다"라고 중얼거리는 데 누군가가 반응하고, 그걸 보고는 또 아무렇지도 않게 친목회에서 다시마절임을 내주는, 사람과 사람과의 애드리브 같은 협동을 말이죠.

2011년 10월 11일

야마자키 료

145

이누이 구미코의 아홉 번째 편지

2011.10.17

야마자키 님께

사람과 자연의 충돌

어제는 노베오카에 덴카이치 다키기노(신궁 등에서 장작불을 피우고 행하는 야외 일본 전통 무용극-옮긴이)를 보러 갔다 왔습니다. 15년째를 맞는다는 이 다키기노는 노베오카의 나이토 가문이 소장하고 있던 노멘(전통 무용극에 쓰는 가면-옮긴이)을 교토의 노멘 장인匠人에게 보여주러 간 데서 유래되었다고 합니다. 고맙게도 나이토 가문 사람들은 노멘 장인을 통해 그 노멘의 가치가 높다는 것을 알게 되었습니다. 하지만 이럴 때 보통은 박물관에 소중하게 보관하는 것으로 끝날 텐데, 노베오카 시민들은 '그렇게 대단한 노멘이라면 제대로 된 분이 사용하게 해야겠군!' 하고 독창적으로 생각했습니다. 행동력 또한 대단해서, 노멘 장인에게 인간문화재 가타야마 유세쓰 씨를 소개받고, 만나고, 노베오카 노멘으로 춤을 춰주십사 부탁 한 것이죠. 다행히 가타야마 씨는 매우 기뻐하며 흔쾌히 승낙했다고 합니다. 게다가 시로야마라 불리는 노베오카 성지에 가설 무대를 지을 것을 결정하고 무대와 관람석을 설계하고, 시민의 손으로 건설해서, 보란 듯이 노베오카 시에 잠들어 있던 노멘과 인간문화재의 협업을 실현한 것입니다. 이것이야말로 바로 야마자키 씨가 말씀하셨던 애드리브적인 전개가 아닐까요? 그 결과 노(能, 일본 전통 무용극-옮긴이)라고 하는, 관례적이고 무거워 보이는 세상의 인간문화재까지 끌어들인, 스케일이 큰 즉흥극이 펼쳐진 것이죠. 다키기노 그 자체도 재밌었지만 그 배경 이야기에 더욱 감탄한 공연이었습니다. 야마자키 씨도 내년에는 꼭 와서 보셨으면 합니다. 강력 추천합니다!

마루야 가든즈의 시민 활동과 상업 활동의 관계에 임계점이 있다는 지적은 굉장히 흥미로웠습니다. 디파트먼트(분리)하지 않기 때문에 둘 사이에 충돌이 생기고, 그 관계성이 생태학적인 양상을 드러낸다는 말씀이군요. 지금 마침 마을 숲(사토야마 : 일본의 마을 숲을 의미. 한국의 마을 숲과는 많은 차이점을 지닌다고 알려져 있지만, 본문에서는 편의상 '마을 숲'으로 번역함-옮긴이)에 관한 초심자용 책 *《사토야마-생물 다양성과 생태계 모양》을 다 읽

* 《사토야마-생물 다양성과 생태계 모양》
(와시타니 이즈미 지음, 이와나미서점, 2011)

은 참인데, 뭔가 통하는 데가 있는 것 같습니다. 랜드스케이프와 조경을 배운 분에게는 상식적인 지식일지도 모르겠지만, 이 책의 골자는 인위적으로 식물 생태학적인 '교란'을 일으킴으로써 생물의 다양성을 유도한 것이 마을 숲이라는 얘기입니다. '중간 정도의 교란은 생물종의 다양성을 높이는 작용을 한다'라는 생태학적인 가설을 세우고, 마을 숲을 매개로 하여 사람과 자연의 공존 관계를 설명할 수 있다는 거죠. 여기서 중요한 것은 '중간 정도'라는 말입니다. 결국 마을 숲이라는 채집지採集地와 집락이라는 소비지消費地의 밸런스를 유지해야 하기 때문에, 거기에는 집락의 존속을 건 엄격한 임계점이 존재한다는 것이 포인트입니다.

전통적인 마을 숲을 하늘에서 내려다보면, 잡초 덤불, 식림지植林地, 저수지, 저번에 GS디자인 워크숍에서도 예로 든, 산을 일궈 만든 밭, 논 등과 같은 다양한 환경이 패치워크 같은 양상으로 나타나는 것이 특징으로, 생물학적으로는 생태계가 초래하는 부산물을 풍부하게 끌어안을 수 있는 베타 다양성을 지니고 있다고 말할 수 있다고 합니다. 그리고 교란 등으로 한 장소가 다양화되는 것을 알파 다양성이라고 부르는데, 그 두 가지의 조합이 중요하다고 하는군요. 살짝 부처님 설법 같은 내용이었나요?

그리고 근대의 단일 작물 재배가 작물 공급만으로 토지를 이용하는 것과는 달리, 마을 숲의 토지 이용은 생물 간 상호작용, 화재 방지, 토양 오염 제거, 기후 안정에 기여하고 우리의 정서를 안정시키며, 몇 번이라도 반복해서 그 토지를 이용할 수 있는 형식이 된다고 하네요. 이 이야기를 읽고 생각난 건, 마을 숲/근대 농업에 대한 단일 작물 재배와의 대비가 마치 *《미국 대도시의 생과 사》에서 *제인 제이콥스가 지적한 용도 혼재/근대 도시계획의 *슈퍼블록의 대비와 비슷하다는 것입니다. 용도用途와 신구新舊의 혼재가 도시를 풍부하게 만든다고 설파한 제인 제이콥스가 그것을 의식하고 있었는지는 알 수 없지만, 도시를 만들고 운영하는

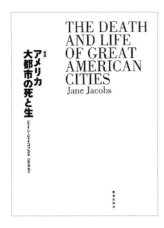

* 《미국 대도시의 생과 사》
(제인 제이콥스 지음, 야마가타 히로 옮김, 가지마출판사, 2010). 우리나라에서도 같은 제목(그린비, 2010)으로 번역 출간되었다.

* 제인 제이콥스(1916~2006) 미국 논픽션 작가이자 저널리스트. 교외 도시 개발 등을 논하고, 도심의 황폐를 고발한 운동가이기도 하다. 저서 《미국 대도시의 죽음과 삶》(1961)에서 근대 도시계획을 비판해 반향을 일으켰다.
* 슈퍼블록(superblock) 복수의 거리 구획을 하나로 정리한 거대한 마을 구획.

인간의 행위를 내려다보는 태도가 생태학적인 것이었다고 새삼스럽게 다시 인식한 순간이었습니다.

마을 숲을 재생하자는 목소리는 일본에서는 아직 소수파의 주장인 것 같습니다만, 세계적으로 보면 생물의 다양성을 이끌어내는 습지 재생에 나라의 이름을 걸고 기획하는 예도 있다고 들었습니다. 또 이런 기획과 탈공업화 사회로 초래된, 이른바 *브라운 필드의 재생을 동시에 꾀하는 예도 있습니다. 더 나아가 그 브라운 필드에 도시 자체를 포함하는 것도 가능할지도 모르겠네요. 중심 시가지에 주차장이 펼쳐지는 풍경을 그렇게 내려다보는 것이 가능하니까요. 어차피 '전혀 새로운 장소에 뭔가를 창조'하는 게 아니라 황폐해진 토지를 회복하는 것은 현대에서는 매우 중요한 과제입니다. 이때 요구되는 것은 너무 앞서가는 시곗바늘을 '잘' 되돌리는 일이라고 생각합니다. 커뮤니티라는 것은 사람이 운영한다는 점에서 토지 그 자체와는 다르지만, 토지에 뿌리를 둔 인간의 집단생활이라는 의미에서는 광의적으로 토지의 출현이라고도 말할 수 있을지도 모르겠습니다. 저는, 야마자키 씨가 주장하는 것도 그 커뮤니티를, 시곗바늘을 '잘' 돌려, 초록이 가득한 커뮤니티 대체로서의 테마형 커뮤니티로 키우자는 얘기라고 이해하고 있습니다.

* 브라운 필드(brownfield) 오염되어 개발되지 못한 유휴지.

그렇게 해서 도시론과 생태학, 그 출현인 랜드스케이프 등을 횡단적으로 살펴보면서 토지의 재생을 생각해보니, 아주 예전에 이름이 언급됐던 제임스 코너 등이 제창한 *랜드스케이프 어버니즘을 이제야 이해할 수 있을 것 같습니다. 한정된 부지 내에 기묘하게 구겨 넣는 랜드스케이프 디자인이 아니라, 도시 인프라의 정비와 *필드 오퍼레이션에까지 영역을 넓혔다는 점에서 랜드스케이프 어버니즘이 중요하다고 할 수 있습니다만, 그 장르가 취급하는 토지의 재생이란 단순히 손대지 않은 자연으로 되돌리자는 것이 포인트가 아니었군요. 순수한 자연으로 되돌린다는 것은 기술적으로는 가능할지 모르겠지만 그것을 지원하는 사회적 요구가 없으니까요. 현재를 사는 우리가 향유할 수 있고, 그리고 그 비용을 부담할 수 있는 형태로 토지나 자연의 생태계를 재생한다는 건 대체 어떤 것일까요? 지금까지의 마을 숲으로 대체할 수 있는 새로운 2차적 자연, '마을 숲' 디자인을 추구함으로써 랜드스케이프 어버니즘을 파악하는 게 좋지 않을까 싶습니다.

* **랜드스케이프 어버니즘(Landscape Urbanism)** 도시 스케일에 맞춰 랜드스케이프가 도시 형성 골격이 되도록 하는 사고방식.
* **필드 오퍼레이션** 디자인의 대상을 풍광만이 아닌, 그 배경에 있는 생태계나 자연환경 조건에까지 확장시킨 기법.

*제임스 코너의 텍스트에 나오는 '새 울음소리와 짐승의 목소리'라는, 다분히 '변증법적인 성질'을 지닌 언어들에는 조금 의심이 가지만, 그는 알파 다양성과 베타 다양성의 의미와 내용의 확대, 생태학자로서는 생각하기 힘든 레벨에서의 다양성을 보여주는 것 같습니다. 그렇게 생각하니 굉장히 자극적이고 흥미진진하게 느껴지는군요.

2011년 10월 17일

이누이 구미코

* 제임스 코너의 텍스트
찰스 왈드하임 지음, 오카 마사시 옮김.
《랜드스케이프 어버니즘》(가지마출판사, 2010), p.31

야마자키 료의 아홉 번째 답장

2011.10.27

이누이 님께

사람과 자연의 충돌

신칸센에서 야마자키입니다. 도쿄로 가는 중입니다. 다치가와 시에서 진행하는 프로젝트 때문에 오늘 오전 중에 시장과 인사를 해야 합니다. 다치가와에서 진행하는 프로젝트는 시청이 이전된 자리를 활용한다는 계획인데, 이것도 상당히 재미있을 것 같은 안건입니다. 조만간 다시 보고하겠습니다.

노베오카의 다키기노, 언젠가 꼭 보러 가고 싶네요. 노베오카 사람들의 행동력은 정말로 대단하군요. 가치 있는 노멘을 진열하는 것이 아니라 활용해서 인간문화재와 협업하게 하다니오!(웃음) 노베오카는 그런 사람들이 사는 곳인 만큼 거기에서만 실현 가능한 커뮤니티 디자인이 따로 있을 것 같습니다. 노베오카 프로젝트가 어떻게 진행될지 더욱더 기대가 되는군요.

마을 숲에서 생기는 '중간 정도의 교란'은, 시행착오의 결과로 집락 사람들이 찾아낸 임계점입니다. 생활에 필요한 것을 마을 숲에서 채취한다고 했으니 연료로서의 덤불이나 장작, 퇴비를 위한 낙엽이나 우거진 잡초, 젓가락이나 소도구를 만들기 위한 나뭇가지 등, 때로는 필요량이 많아져 지나치게 많이 채취하는 일도 있었겠지요. 요업이 성행했던 집락에서는 연료로 쓸 장작이 대량으로 필요해 지금까지 행해온 *가려베기擇伐

를 넘어서 *모두베기皆伐를 해버린 적도 있었다고 하니까요. 하지만 아시다시피 그렇게 하면 산에서 한꺼번에 나무가 사라지고, 비가 오면 토사가 유출되어 식생이 좀처럼 회복되지 않습니다. 목질 연료가 재생산되지 않는 셈이죠. 따라서 그런 경험을 한 주민들은 이러면 안 되겠다는 생각에, 스스로 의논해 마을 숲에서 나무를 채벌하는 법을 만들고, 그 법을 지키면서 가려베기를 계속하게 되었던 거죠. 말하자면 마을 숲에서 물자를 너무 많이 채집하거나 역으로 그것을 억제하거나 하는 동안, 자연스럽게 '자원을 재생산하고 최대한의 물자를 손에 넣는 임계점'을 깨닫게 되었다는 게 마을 숲의 역사일 것입니다.

많은 사람들이 마을 숲 풍경이 '사람과 자연이 공생하는 풍경'이라고들 말하지만, 저는 오히려 '사람과 자연이 충돌하는 풍경'이라고 생각합니다. 실제로 중산간인 이도離島 지역에 가보면 주민들이 산과 농지와 싸우고 있으니까요. 그곳에서는 엄청난 속도로 잡초와 덤불이 자랍니다. 주민들은 그것들과 매일같이 격투를 벌이지요. 그 때문에 '풀베기'나 '길 만들기'라고 불리는 대량의 공동 작업이 생겨났습니다. 공동 작업을 하지 않으면 벌금을 부과하는 곳도 있고요. 커뮤니티의 결속력이나 규칙이 없으면 자연과 싸우기가 어렵고, 그렇기 때문에 마을마다 독자적인 관습

---

* **가려베기** 대상이 되는 구획에서 채벌 기간에 다 자란 나무 등을 일정 기준에 따라 선별하여, 삼림 상태를 유지하면서 적정량씩 채벌하는 것.
* **모두베기** 대상이 되는 구획에 있는 삼림의 수목을 전부 채벌하는 것.

이나 전승, 방책 등이 탄생하게 된 것입니다. 생물 다양성은 그 결과로 생겨난 상태일 뿐, 마을 사람들은 생물종을 다양화하기 위해 2차원적 자연을 창출하는 게 아닙니다. 그런데도 도시에서 온 사람들이 아무런 준비나 생각 없이 '이 풍요로운 전원 풍경을 미래 세대에 물려주어야 한다' 따위의 말을 하니까, 마을 사람들은 그렇게 하려면 얼마나 엄청난 노력이 필요한지 알기나 하냐면서 반박하고 싶어지는 겁니다.

아무튼 이런 것들을 배운 탓인지, 저는 경관을 디자인한다는 것은, 수목을 그리드(판면을 구성할 때 쓰는 가상의 격자 형태의 안내선-옮긴이) 상태로 배치해 심어놓는다거나 포장 패턴을 스트라이프로 꾸미는 것이 아니라고 생각하게 되었습니다. 그런 것은 대지에 그림을 그리는 것일 뿐입니다. 경관이라는 것은 그 장소에 사는 사람들의 생활에 따른 충돌이나 인간관계가 축적되어 어쩔 수 없이 생겨난 결과라고 생각합니다. 그 때문에 랜드스케이프를 경관이라고 번역하면, 그 뉘앙스를 얇게 도려내 시각적인 이미지에만 집중하는 느낌이 듭니다.

말로는 마을 숲 같은 랜드스케이프를 디자인하고 싶다면서, 졸참나무나 상수리나무를 비스듬히 심어놓는 것만으로는 너무 허술할 테니까요. 그곳에서 발생하는 '중간 정도의 교란'은 누가 일으키는가, 거기에 어떤 규칙이 필요한가, 하는 것들을 함께 생각하지 않는다면 지속 가능한 랜드스케이프를 디자인한다고 말할 수 없습니다. 이런 것들을 생각하다 보면 랜드스케이프 디자인이 점점 커뮤니티 디자인에 가까워집니다. 사람과 사람의 관계성을 만들고, 조직화하고, 활동 내용을 결정하고, 그것을 지탱하는 조직을 만들고, 환경에 작용하는 거죠. 그때 환경은 마을 숲 같은 자연환경이어도 좋고, 노베오카 같은 도시 환경이라도 상관없습니다. 아무튼 작용하는 주체가 없는 상태에서 환경만 도려내서는, 랜드스케이프를 디자인한다고 말할 수 없습니다.

혼자 이런 것들을 생각하다 보니, 랜드스케이프 디자이너로서 '아름다운 경관'을 만드는 데는 흥미를 잃어버리게 된 걸지도 모르겠네요.(웃음). 그 결과 점점 길을 벗어나 지금은 커뮤니티 디자이너 같은 수상한 이력으로 일을 하게 되었습니다. 제임스 코너도 분명히 저와 같은 것을 생각했던 사람이라는 생각이 듭니다. 그의 디자인도 완성된 것을 보면 보통의 자연으로 보이는 것이 많거든요. *딜러 앤드 스코피디오와 협업한 *하이 라인은 별개로 치더라도, 그의 다른 작품들을 보면 보통의 자연이 천천히 변천한 것처럼 보이는 것이 많습니다. 그렇기 때문에 그들의 프레젠테이션에는 다이어그램이 많이 등장합니다.

158

* **딜러 앤드 스코피디오 + 렌프로(Diller Scofidio + Renfro)** 엘리자베스 딜러, 리카르도 스코피디오, 찰스 렌프로가 주재하는 뉴욕의 디자인 사무소. 대표작으로 '브라세리'(2001), '아이빔 아틀리에'(2002), 스위스에서 개최된 2002년 엑스포 미디어관 브라(2002) 등이 있다.

* **하이 라인** 뉴욕 고가 화물선 터를 공중 녹지 길로 재활용한, 전체 길이 2.3킬로미터의 공원이다. 2009년에 개원했으며 설계는 제임스 코너가 이끄는 필드 오퍼레이션과 건축 설계 사무소 딜라 스코피디오+렌프로가 맡았다.

* **필드 오퍼레이션의 다이어그램**

(ⓒJames Corner Field Operations and Diller Scofidio + Renfro, Courtesy the City New York)

159

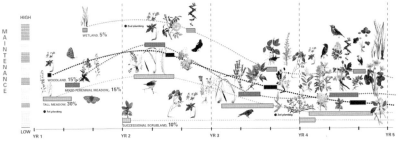

10년 후, 20년 후, 50년 후에 눈앞의 자연이 어떻게 변할지, 어떤 랜드스케이프를 만들어낼지, 장래에 생겨날 랜드스케이프를 시각적 측면에 한정짓지 않고 형태의 아이콘화에도 의존하지 않고, 뭔가를 전하려고 노력하고 있습니다. 식물이 어떻게 변이되는가, 어떤 곤충과 동물이 모이는가, 인간의 액티비티는 어떻게 변화하는가, 그것들을 성립시키기 위한 조직은 어떻게 존재하는가, 돈의 유통과 규칙은 어떻게 되는가, 등을 장기적으로 생각하고 있는 거죠. 이런 것들을 전달하려고 마음먹으면 훌륭한 다이어그램이 필요합니다. 평면도나 투시도로는 제대로 표현할 수 없으니까요. 저도 같은 고민을 하고 있습니다. 그렇기 때문에 훌륭한 다이어그램을 그릴 수 있는 사람과 일하고 싶습니다.

최근에는 '커뮤니티 디자인에서 평면도나 단면도는 무엇일까' 하는 생각을 자주 합니다. 건축이나 랜드스케이프 디자인에서는 긴 시간을 들여 평면도, 단면도, 입면도, 투시도 등 미래를 가시화하는 방법을 발명하고 정리해왔습니다. 하지만 커뮤니티 디자인은 아직 시작 단계라 정식화된 포맷이 없습니다. 따라서 이제부터 평면도의 역할을 하는 것은 무엇인지, 투시도와 같은 역할을 하는 것은 무엇인지 등을 생각해야 합니다. 그것은 어쩌면 2차원의 표현이 아닐지도 모릅니다.

이제 도쿄에 거의 다 와갑니다. 일단은 여기서 끊고 편지를 보내도록 하죠(웃음).

2011년 10월 27일

야마자키 료

이누이 구미코의 열 번째 편지

2011.11.7

야마자키 님께

프로세스를 도면화하는 것의 어려움

또 편지 간격이 좀 벌어졌네요. 죄송합니다. 수업 준비 등 익숙하지 않은 대학 일로 정신이 없는 데다 그 외의 여러 가지 잡무가 겹쳐서 몇 주가 그냥 훌쩍 지나가버렸습니다.

드디어 정보 전달에 대한 이야기가 나왔습니다. 굉장히 흥미롭군요. 커뮤니티 디자인의 정보화 부분은 확실히 거의 손을 댈 수 없는 문제네요. 반대로 건축에는 도면이란 전통이 있어서, 도면이나 그 외의 다종다양한 계산표, 체크표, 사양서 등의 포맷에 따라 하나의 건물을 거의 완전하게 정보화하는 것이 가능하고 타인과 공유하는 것이 가능합니다. 물론 그 내용을 100퍼센트 이해할 수 있는 건 실무 세계에서 충분히 훈련을 받은 인간에 한정되겠지만, 평면도나 단면도 등은 해독 능력이 떨어지는 사람이라도 대강 그 의미를 알 수 있도록 되어 있습니다. 특히 일본처럼 매일같이 신문에 맨션 광고 전단지를 끼워 배달하는 나라에 사는 사람들은 워낙 자주 접하는 것이라, 일반인들도 평면도 독해 능력이 상당히 뛰어날지도 모르겠습니다.

하지만 유감스럽게도 건축 정보 전달의 역할은 여기까지가 다입니다. 게다가 그것들은 어디까지나 정적인 정보에 머무를 뿐이죠. 결국 더 자세한 정보는 건축의 하위개념인 건축의 개별 정보에 의지할 수밖에 없다는 뜻입니다. 따라서 개개의 건물을 초월해 존재하는 추상 개념인 '건축'의 가치(이것은 상당히 동적인 개념이라고 생각합니다)가 정말로 제대로 정보화되고 공유되고 있느냐고 묻는다면 상당히 의심스러울 수밖에 없습니다. 그뿐만이 아닙니다. 개개의 건축에 대해, 일단 움직이지 않는 하드웨어로서의 건축이 아닌, 소프트웨어와 일체적으로 동적인 서비스를 제공하는 건축이라는 존재를 인식하기 시작하면, 지금까지의 평면도와 단면도로는 사고도, 표현도 할 수 없는 한계에 부딪치게 됩니다.

이렇게 생각하니 사실상 어떤 건축 프로젝트의 매력 대부분을 정해버리는 기획 단계에서 건축을 사고하고 검토하는 툴은 전혀 없는 것이나 마찬가지인 것 같습니다. 프로젝트 골격은 개발에 필요한 데이터만으로 대부분이 결정되고, 그것들은 건축적 매력과는 아무 관계가 없는 예가 많기 때문입니다. 그런 풍토 속에서 제임스 코너 등의 랜드스케이프 어버니즘 프로젝트가 그 표현에 대해 다양한 고민을 했다는 사실은, 건축계에 몸담고 있는 사람 입장에서는 남의 일 같지 않군요.

이누이 사무소같이 작은 건축 설계 사무소에서도 종종 문제가 발생한답니다. 마에바시 시내의 미술관 구상 기획공모전(프로포잘, proposal : 주로 업무의 위탁이나 건물의 설계자를 선정할 때 복수의 사람들에게 목적물에 대한 기획을

마에바시 시 미술관 기획공모전 기획안

제안받아 그중에서 뛰어난 제안을 하는 자를 선정하는 일 혹은 그 제안서나 기획서. 이하 문맥에 따라 '기획공모전', '기획공모', '기획', '기획서', '제안서', '기획제안서' 등으로 선별적으로 번역했음-옮긴이)에 참가했을 때의 이야기입니다. 그 대회는 중심 시가지가 공동화됨에 따라 마을 중심에 있던 백화점을 철수하고 그 공간을 시립미술관으로 개조한다는 기획에 대해, 어떤 건축적 아이디어가 제안될 수 있는가를 겨루는 자리였습니다.

1980년대에 지은 백화점이라 유행이 지난 파사드(facade : 건물의 외측 전경 특히 정면, 구조체의 표면, 건물의 외벽 처리 혹은 정면도를 가리키는 말-옮긴이)와 복잡하고 사용하기 힘들어 보이는 동선 계획이 특징적인 빌딩이었는데, 저는 그것을 예산 내에서 '아름답게' 다시 정리하는 것은 불가능하다고 생각해 이른바 건축 디자인을 겨루는 제안은 포기했습니다. 그 대신 시민이 가능한 한 많이 운영에 참여할 수 있는 프로그램을 만들고, 미술관 전체가 문화 제작 현장(그런 것을 영어권 건축업계에서는 'Back of House'라고 한다고 합니다. 네덜란드에서 돌아온 스태프가 가르쳐줬습니다)이라고 말할 수 있는 상황을 만드는 데 전념했습니다. 염두에 둔 것은 소프트웨어 측면에서는 히라쓰카 미술관이 의욕적으로 기획한, *시민과 학예사가 공동으로 전람회를 만든 사례, 하드웨어 측면에서는 일반적인 미술관에서는 배경의 존

* 시민과 학예사가 공동으로 전람회를 만든 사례 히라쓰카시 미술관에서 개최된 전람회 〈환상 식물원전-아트가 표현하는 식물의 생명력〉(1998년 10월 17일~12월 13일)에서 공모로 모인 시민이 학예사와 함께 전시 준비를 하고, 미술관 뒷면을 체험하는 시도가 이루어졌다. 멤버는 40~60세의 주부를 중심으로 약 40명. 6월 이후 일주일에 한두 번씩 모여 학예사와 출품 작가, 디자이너, 시공업자의 지도를 받으면서 전시 자료의 제작·전시·관련 워크숍을 기획했다.

재가 은폐되는 것에 반해, 가능한 한 그 존재를 드러내도록 일반 관객이 접근 가능하도록 계획했습니다.

사실 이러한 우리의 기획 내용을 듣고 "다양한 곳이 생산 현장이 되는 미술관이라니 참 근사하네요" 하고 이야기해준 사람들의 말에 자신감을 얻어, 이건 분명 성공한다고 히죽거리며 기획안을 만들고 구체적인 평면계획을 세웠지만, 막상 최종적으로 기획공모 제출 서류를 만드는 단계에서는 손이 저절로 멈춰지더군요. 틀림없이 재미있는 제안임에는 분명하지만 재미있다는 것을 표현할 방법이 전혀 떠오르지 않았기 때문입니다. 어쩔 수 없이 평면도와 모형 사진을 준비하고 시민과 학예사적인 업무에 참여하는 것을 표현하는 표 등을 가볍게 첨부해 서류를 완성했지만, 가장 잘 전달해야 하는 상위개념, 즉 'Back of House'로서의 미술관을 만드는 의미는 표현하지 못한 채 제출해버렸습니다. 그리고 어제 심사위원 중 한 분과 우연히 이야기를 나눌 기회가 있어서 의견을 물어봤는데, 세상에, 우리 기획안의 존재조차 기억하지 못하고 계시더군요. 정말 슬펐습니다. 참패했어요(눈물). 문제는 '미술관을 Back of House로'라는 기획 자체의 표현 방법을 발견하지 못했다는 데 있습니다.

기획공모라는 방식은 일반적으로는 이미 정해진 기획에 대한 건축적 회

답을 부여하는 것이 요구되는 것뿐이기에, 우리의 안案처럼 기존의 미술관 형태에 이의를 제기하는 시도는 제대로 정리하지 못하면, 단순히 '미술관 계획을 알지 못하는 아마추어의 설계'라는 오해를 받을 수 있으니까요.

이 기획공모전 도전이 이렇게 한심한 결과로 끝날 줄은 몰랐지만, 나름대로는 상당히 중요한 것을 생각하는 기회가 되었다고 생각합니다. 기존의 도면 표현으로는 나타낼 수 없는 것을 목표로 삼아보고 싶다고 느꼈던 것, 앞으로의 건축 디자인을 생각할 때 기존의 평면도와 단면도만으로는 불충분하다는 인식을 했다는 게 일단 가장 큰 수확이네요. 그리고 콘스탄트 등이 제출한 비전, 즉 '시민이 문화 생산에 관여하도록 하기 위해 건축이 시행할 수 있는 서비스란 것이 대체 무엇인가'라는, 수십 년간 계속되어온 건축적 문제에 저 자신도 뛰어들어 고민해보고 싶었던 것도 상당히 컸습니다. 이런 과제를 만났을 때는, 적어도 사고와 검토 단계에서는 기존의 도면 표현을 일단 버릴 필요도 있다는 사고방식을 갖게 됐습니다. 그러니까 야마자키 씨가 지금까지 고민하신 표현 방법 문제는 비단 커뮤니티 디자인만의 문제가 아니었던 셈입니다. 아마 도시, 건축, 랜드스케이프, 기타 여러 가지에 두루두루 관련된 문제일 것 같습니다. *아이소타이프의 발명자 *오토 노이라트가 지금 재평가되는 것도 이런 문제와 관련이 있기 때문일지도 모르겠습니다.

2011년 11월 7일

이누이 구미코

* **아이소타이프(isotype)** 오토 노이라트와 일러스트레이터인 겔트 아른츠가 1925년에 고안한 세계 공통 그림문자 시스템. 원래는 교육을 위해 개발한 것이지만, 당시 디자이너뿐만 아니라 건축이나 도시계획 분야에까지 큰 영향을 끼쳤다. '아이소타이프'라는 명칭은 'International System of Typographic Picture Education'의 약자이다.

* **오토 노이라트(1882~1945)** 오스트리아 철학자이자 사회학자. 논리실증주의 철학 그룹 '빈 학단'의 중심 인물이다. 빈사회경제박물관 관장으로 지금까지의 박물관 개념과는 다른, 시민이 자신이 살고 있는 사회와 세계를 알기 위한 장치로서의 박물관을 구상하고, 새로운 시각 정보 교육 시스템으로서 아이소타이프를 발명했다. 르 코르뷔지에 등과도 교류해 CIAM에 초빙된 바 있다.

야마자키 료의 열 번째 답장

2011.11.18

이누이 님께

프로세스를 도면화하는 것의 어려움

돗토리에서 야마자키입니다. 오늘은 마을 만들기 심포지엄을 위해 로쿠야 지구라는 곳에 와 있습니다. 오늘 묵는 숙소에는 원천수가 흐르는 온천이 딸려 있습니다. 온천수가 계속 솟아나와 입욕할 수 있답니다. 정말 고마운 일이죠. 이 일을 하고 나서 다양한 종류의 보수를 받아봤는데, 온천도 제게는 커다란 보수입니다(웃음). 그 외에도 맛있는 식사, 지역마다 지니고 있는 흥미로운 이야기, 지역 사람들과의 만남, "당신이 와줘서 살았어" 같은 말, 돌아가는 길에 내 손에 쥐여주는 음식들, 계절마다 보내주시는 지역 특산품, 일이 완료되었을 때 지불되는 업무비… 이런 복합적인 보수 덕분에 우리는 항상 즐거운 마음으로 일하고 있습니다. 이렇게 좋은 일! 절대 그만둘 수 없지요(웃음).

커뮤니티 디자인 정보화에 대해 고민하고 있을 때, 실은 건축도 똑같이 중요한 부분은 정보화, 도면화, 다이어그램화되어 있지 않다는 대답을 들은 적이 있었습니다. 그래서 정말 그럴지도 모르겠다고 생각하다 보니, 설계를 할 때 가장 설레던 부분, 가장 중시하고 싶었던 부분은 실제로 도면으로 표현할 수 없었던 기억이 나더군요. 그렇습니다. 그래서 저는 대학 시절에 일본조경학회가 주최한 설계공모전(컴페티션, competition : 디자인 분야나 건축 분야에서의 설계 디자인 대회를 의미. 이하 '설계공모전'으로 번역했

171

음-옮긴이)에 낸 기획안에서도, 도면 외에 다이어그램을 덕지덕지 붙여놓 았더랬지요. 공원 설계공모전이었는데 평면도, 단면도, 투시도 외에 사계 절을 통해 공원에서 이루어지는 프로그램, 공원에서 생기는 물질의 순환 도, 자연 회복을 도모하는 소스와 시기 등, 동적인 공원의 순환도와 그 것을 지원하는 공간의 존재 방식을 조합해 다이어그램으로 표현하려고 모색했던 기억이 납니다. 벌써 15년도 더 된 이야기입니다만(웃음).

마에바시 시내 미술관 구상 기획안도 굉장히 흥미진진하게 읽었습니다. 시민과 아티스트가 작품을 만드는 과정 자체가 보이거나 체험할 수 있 거나 하는 기회는 참 매력적이지요. 하지만 그것이 기획공모전이라는 형 식으로는 잘 전달되지 않을 거라는 사실도, 너무 빤히 보이는군요. 소 프트웨어 부분이 중요한 제안이기 때문에 그것을 정보화하는 일은 훨씬 더 어렵거든요.

이쯤에서 생각을 한번 뒤집어볼까요? 이런 문제가 표출되는 것은, 어떻게 생각하면 예전보다 소프트웨어가 더 중요한 세상이 되었다는 얘기가 됩 니다. 그러니까 반대로 그걸 제대로 반영할 수 없는 기획공모전이나 설 계공모전이라는 형식 자체에도 문제가 많다는 생각은 안 해보셨는지요? 사실 커뮤니티 디자인에 몸을 담그고 있노라면, 자연스럽게 설계공모전이나 기획공모전이라는 형식에 대해 거리감을 느끼게 됩니다. 그것에 대한 의견은 아직 제대로 정리되어 있지는 않지만, 굳이 써보자면 다음과 같은 느낌입니다.

예를 들어 노베오카 프로젝트의 경우, 역 주변에서 어떤 액티비티가 일어나는가는 시민 활동 단체 관계자분들과 대화를 하면서 결정되는 예가 많습니다. 그 부분에 대해 말해보죠. 그 액티비티는 영화 감상이 될 수도 있고 음악 연주가 될 수도 있습니다. 카페를 운영하는 사람이 있을 수도 있고, 채소를 기르는 사람이 있을지도 모릅니다. 하지만 노베오카 프로젝트가 시작되기 전에는 아직 어떤 활동이 펼쳐질지 전혀 알 수 없습니다. 게다가 그 활동 단체 사람들이 어느 정도 자주 활동할지 얼마나 참여할지에 대한 것들도 대화를 하는 과정 중에 결정됩니다. 그들이 할 생각이 있으면 매주 활동할 것이고, 어쩌면 동료를 불러와 훨씬 많은 그룹이 활동하게 될 수도 있습니다.

하지만 이야기가 진행되지 않아 재미도 없고 분위기가 침체되면, 사람들은 서서히 참여할 의욕을 잃어버리고 대화도 하지 않게 될 수도 있습니다. 이것이 바로 워크숍에서 항상 이야기하는, '이야기하면서 진행하는 방식'이 무엇보다도 중요한 이유입니다.

173

그런데 이 대화의 진행 방법도 그렇습니다. 특별히 정해진, 성공하는 대화 형식이 있을 리 없습니다. 그때그때 모인 사람들의 분위기, 성격, 발언력, 인간관계를 파악하면서 매회 진행 방식을 바꿔야만 합니다. 어떤 사람의 발언은 전체에 알리는 것이 좋을 때도 있지만, 반대로 어떤 사람의 발언은 그 자리에서 멈추게 하는 것이 좋을 때도 있습니다. 말하자면 항상 개인의 전체에 대한 영향력을 감안하면서 이야기를 주고받는 자리를 만들어야만 합니다. 또 참여자의 어떤 발언을 채택해서 더욱 재미있는 액티비티로 발전시키느냐 하는 것도 문제지만, 미리 생각해봤자 사실상 해보지 않으면 알 수 없는 것들이 더 많습니다. 각각의 발언을 발굴하고 연마하는 순발력도 필요합니다. 그런 발언 자체가 겹치고 쌓여 장래 역 주변에 생성될 환경을 서서히 만들어가는 것이 바로 커뮤니티 디자인이라는 일이니까요. 그런데 이렇게 복잡한 이 일이 과연 정보화가 가능한 것이기는 할까요? '프로세스를 다이어그램화한다'는 건 말로는 간단하지만, 실제로는 상대방이 존재하기 때문에 그 사람들과의 관계 속에서 다음 액션이 생겨나는 것이며, 그 때문에 그 프로세스를 사전에 다이어그램화하는 일은 굉장히 어렵습니다. 아니, 애당초 의미가 없는 것 같기도 합니다.

이런 것들을 공모전에서 제안서 같은 것으로 표현하려고 하면 어떻게 될까요? 분명히 '주민을 모아 워크숍을 실시합니다', '워크숍에서 나온 의견에 기초를 두고 액티비티를 정리합니다', '액티비티를 실현할 수 있는 공간을 제안합니다', '그 공간은 분명히 이런 형식이 될 것입니다' 하는 식의 표현에 머무르게 될 것이 틀림없습니다. 그리고 이미 그 제안에는 워크숍 현장에서 반복되는 다이어그램이 거의 포함되어 있지 않습니다. 상기한 것과 같은 절차라면 누가 하더라도 표현 방식은 거의 똑같으리라 생각됩니다.

평면도나 CG 등의 표현으로 기발함을 겨루고 콘셉트와 형태가 어느 정도 정리되어 있으면 판단 가능한, 건축물을 고르는 공모전이라면, 지금까지의 형식으로도 문제없다고 생각합니다. 하지만 요구가 다양화되고 활동의 역동성이 중시되며 해마다 변화에 대응하는 공간 구성이 요구된다면, 지금까지의 설계공모나 기획공모 경쟁 심사 형식으로는 적절한 디자이너를 선정하기가 어려워질 거라는 생각이 듭니다. 따라서 노베오카에서의 기획공모 심사에서는 도면 표현은 참고 정도만 하고 오히려 디자인 감독자의 기본적인 사고방식을 제시하도록 이야기가 됐습니다.

'이런 모양의 건축을 제안합니다' 하는 식으로 보여줘봤자, 커뮤니티 디자인과 세트로 공간 디자인을 생각하는 프로세스를 함께 진행한다는 느낌이 들지 않기 때문입니다. 오히려 '중심 시가지 문제를 어떻게 생각하고 있는가?', '주민 참여로 공간을 디자인하는 동안 무엇을 중요시했는가?', '단순히 시민이 말한 대로 공간을 만드는 게 괜찮다고 생각하나?', '그렇지 않다면 어느 정도의 프레임을 건축가가 제시해야 한다고 생각하는가?' 같은 것들이 더 알고 싶은 거죠. 그리고 '당신은 과연 시민의 다양한 의견에 유연하게 대응할 수 있는 성격의 건축가인가' 하는 점도 궁금하더군요. 지금 생각해보니 결국 기획공모 심사에서 던진 질문은 기묘한 것 투성이었던 것 같군요(웃음).

한편 "당신이라면 노베오카를 어떤 색으로 물들일 겁니까?" 등, 시민이 던진 질문은 다분히 의도적이면서도 깜짝 놀랄 만한 것들이었습니다. 우리가 그때 중점적으로 본 것은 그런 시민들의 질문에 대해 건축가가 어떤 반응을 하느냐 하는 부분입니다. 이 부분은 심사위원장인 나이토 히로시 씨와 사무국 멤버가 의논해서 결정했습니다. 기획공모전 프레젠테이션이라는 긴장감 넘치는 장소에서 주민위원에게 받은, 전혀 예상치 못한 질문에 어떻게 대응하는지 보는 거죠. 또 주민 의견을 반영하거나 반영하지 않는 디자인 감수자에게 필요한 자질 중 하나라고 생각했기 때문입니다.

이제는, 전문가가 시민이 전혀 생각지도 못한 훌륭한 아이디어를 제시하고 그것을 모두 입을 모아 칭찬하면서 받아들이는 시대는 지났습니다. '공모전 경쟁 심사'라는 형식 자체도 다시 생각해야 할지도 모르겠습니다. 혹은 행정이 발주자를 정하는 동안 좀 더 다른 방법으로 발주할 수 있는 조직을 고안해야 할지도 모릅니다. 그것은 현재의 수의계약 방식의 변용판이 될 수도 있고 기획공모전 방식의 발전판일 수도 있습니다. 어떤 것이 되던, 새로운 '설계자 특정 방법'이 발명되었을 때 비로소 건축과 커뮤니티 디자인 정보화도 다시 진화해나갈 수 있으리라고 생각합니다.

설계자를 결정한다는 목적에 대해 정보화를 어떤 식으로 다루는지에 대한 이야기는 한참 더 해야겠지만, 한편으로 자신이 생각하고 있는 것을 타자에게 전달하기 위한 정보화는 자기 자신의 사고를 정리하고 노련하게 갈고닦는 계기를 만들어줍니다. 혼란스러운 정보를 정리해 많은 사람들에게 전달하는 역할도 앞으로는 상당히 많이 필요해질 겁니다. 그런 의미에서 노이라트 식의 정보 정리와 표현 방식의 모색이 계속해서 중요한 역할을 하게 되리라는 건 의심의 여지가 없습니다. 그가 난해한 철학을, 글을 못 읽는 사람에게도 이해시키기 위해 아이소타이프를 개발한 것처럼 말이죠.

2011년 11월 18일

야마자키 료

이누이 구미코의 열한 번째 편지

2011.11.28

야마자키 님께

기획공모전(프로포잘), 설계공모전(컴페티션) 비판!

드디어 기획공모전과 설계공모전에 대한 비판이 나왔군요(웃음). 야마자키 씨처럼 디자인 그 자체를 새롭게 디자인하려는 분에게는, 기존의 구舊 기술을 경쟁하는 기획 설계의 제안이나 경쟁 방식은 눈엣가시 같은 존재일 수밖에 없기 때문에, 언젠가 이 화제가 나올 거란 예상은 하고 있었답니다.

기획공모전이나 설계공모전은 지금까지의 '설계'라는 틀 안에서 보면 우리에게는 참 고마운 존재였다는 점은 인정하고 넘어가야 할 것 같습니다. 상당한 노력이 필요하지만 공모전에 대한 숙련도가 높아질수록 '이기는 방정식'이 확실해지는 게 보이는, 즉 노력하면 그 노력에 보답하는 시스템이었으니까요. 하지만 어쩌다 '이기는 방정식'이 엉성하게 적용된 제안을 보면 제안서 자체에 한계를 느끼게 됩니다. 기획공모전이나 설계공모전이 설계 일을 수주하기 위한 단순한 도구로 전락하기 때문이죠. 하지만 한편으로는 공모전 경쟁 심사라는 틀을 통해서만 얻을 수 있는 제안과 설계 조건의 역동적인 만남이 생성되는 것 또한 사실입니다. 따라서 그런 만남을 목적으로 한 건축가는 항상 신경 써서 응모를 하고, 또 심사위원도 애써서 그 중개 역할을 받아들여온 것이지요.

하지만 현재, 기획공모전이나 설계공모전은 지금까지와 같은 안정된 구도를 유지할 수 없게 된 것이 사실입니다. 이제 사람들은 건축이 다양한 도시 문제를 해결하는 데 일조하리라 기대하고, 그에 따라 프로젝트가 단순히 부지 내의 과제에 답하는 데서 탈피하고 변화하면서, 단순히 건축 설계 내용만 묻는 것에 한계가 보이기 때문입니다. 그리고 그 일환으로 주민 참여를 둘러싼 혼란이 생기고 있습니다. 지금까지 주고받은 편지에서 계속 확인해왔듯이 주민 참여에는 합의 형성과 주체 형성이라는 두 가지 목적이 있습니다. 지금까지는 건축공모전의 제안에서 주민 참여라 하면 전자의 합의 형성 형태를 가리키는 것이었지만, 지금은 후자의 주체 형성에 대한 부분도 서서히 증가하는 추세입니다. 저는 가끔씩 야마자키 씨와 가깝게 어울릴 기회가 있어서 '주민 참여에는 다양한 목적이 있다는 것, 앞으로는 주체 형성 쪽이 더 중요해질지도 모른다는 것'을 배울 기회가 있었습니다만, 그래도 그것은 아직 소수파에 불과합니다. 아직도 대부분의 사람들에게 주민 참여란, 합의 협성의 수단이라는 이미지밖에 없습니다. 그럼에도 야마자키 바이러스(웃음)에 감염된 젊은 제안자들은 주체를 형성하는 것만이 주민 참여라는 식의 제안을 만들고 있지요. 바람직하다고 보면 바람직한 현상일 수도 있지만, 그 이야기를 받아들이는 쪽은 다양한 세대로 구성된 일반인이라는 사실을 간과한 처사가 아닌가 싶어 우려가 되기도 합니다.

'이제 주민 참여는 주체 형성의 도구인 것이 당연하다'는 식으로 뻣뻣하게 설명해버리는 제안자가 많아진다면 곤란하지 않을까, 하는 거죠. 그렇다면 합의 형성 형태밖에 모르는 심사위원은 다시 혼란에 빠질 것이고, 그 독선적인 말투로 말미암아 공모전에서의 경쟁 능력을 의심받고 퍼실리테이터로서의 능력 결여를 드러내게 되어, 결국 '이 응모자에게 주민 참여를 맡겨도 괜찮을까?' 하는 의구심까지 생깁니다. 이렇게 되면 모처럼 나온 주체 형성 프로세스를 포함한 재미있는 제안의 리얼리티를 한순간에 다 잃어버릴 수도 있습니다.

그런 불행한 일이 일어나는 것은 야마자키 씨가 말한 '워크숍의 현장에서 펼쳐지는 다이내미즘'에 대한 감각을 갖추지 못한 채, 건축 프로세스 이상상理想像으로서 주민 참여를 제안하는 것이 원인일지도 모릅니다. 사실 애초에 심사위원도 잘 알지 못하는 주체 형성 형태의 주민 참여를 제안하는 셈이니까, 상당한 커뮤니케이션 기술이 필요한 건 자명한 사실입니다. 그런 면에서 주체 형성의 의미를 정확하게 설명하고 미소와 유머러스한 말투를 섞어 말하는 방법을 유지함으로써 커뮤니케이션 능력을 증명하는 것도 좋을 듯합니다. 말하자면 '뭔지는 잘 모르겠지만 재미있을 것 같으니, 한번 맡겨볼까' 하는 생각이 들게 만드는 거죠. 바로 평상시의(?) 야마자키 씨의 전술처럼요. 물론 studio-L의 스태프는 차세대 '야마자키'로서 제대로 준비되어 있겠지만, 그러면서도 또 전혀 다른 방면에서 야마자키 씨와 다른 개성으로 참여 디자인, 커뮤니티 디자인을 전개하는 재능을 앞으로 점점 발전시켜나가야 할 것입니다. 그런 새로운 타입의 능력을 갖춘 사람을 선택할 때는 프로세스 다이어그램 같은 것은 역시 별 의미가 없고, 직접 대면해서 커뮤니케이션하는 것 외에는 방법이 없는 것 같네요. 다만 지금 실시되는 심사처럼, 단 몇 분 만에 능력을 증명해야 하는 서바이벌 게임 같은 방법이 아니라, 좀 더 시간을 들인 형태가 필요하겠지요. 사실 예전부터 주민 참여와 커뮤니케이션 디자인 심사 문제 이전에, 기획공모전과 설계공모전에서 설계안을 1차, 2차로 이틀에 나눠서 심사하도록 하는 것 자체가 이상하다는 의견도 많았으니까요.

설계공모전에서 엄청난 노력을 필요로 하는 설계제안서를 무상으로 요구하면서 경제적 여력이 있는 대규모 사무소만 계속 승리하는 불공평함을 없애기 위해, 기획공모전이라는 방법이 새롭게 생겨났다지만, 되도록 설계자에게 부담을 주지 않으려 한다는 이유로 실행성의 증명이 어려운 애매한 도면이나 제안을 요구하거나, 심사위원의 인건비를 무시하지 못한다는 이유로 짧은 시간 내에 대강 심사해야 하는 일이 발생하는 것도 사실입니다. 야마자키 씨가 말한 기획공모전 등의 설계안에서 '기발함을 경쟁하는' 풍조는 이런 선정 프로세스의 빈곤함에서 야기된 문제점 중 하나겠지요. 제안자에게 제대로 된 금액을 지불해서 구체적인 자료를 만들게 하고, 좀 더 시간을 들여서 선택하는 것을 당연하게 여기는 나라들도 분명히 있는데 말이죠.

그런데 가령 뭔가를 선택하는 데 시간이나 수고를 조금 더 들이는 것이 당연한 경우, 정보화는 어디까지 변화하는 걸까요? 주민 참여와 커뮤니티 디자인 프로세스를 정보화하는 것은 불필요한 일일지도 모르고, 동시에 설계안에서도 평면도와 투시도 등 건물 정보만으로 디자인을 경쟁하는 일은 없어질지도 모릅니다. 애당초 노이라트처럼 정량적인 정보를 시각화하는 것이 불필요해지면서, 라틴계 사람들처럼 오로지 계속해서 말하는 것만이 중시될 수도 있지요. 그렇게 되면 디자인 자체가 전혀 다른 모양새로 바뀔지도 모를 일이군요.

2011년 11월 28일   183

이누이 구미코

야마자키 료의 열한 번째 답장

2011.11.30

이누이 님께

기획공모전(프로포잘), 설계공모전(컴페티션) 비판!

노베오카에서 야마자키입니다. 오늘은 노베오카에서 함께 일하는 상점 주인들과 워크숍을 했습니다. 저번 위원회에서 상점 주인들이 '우리도 일어서야만 한다'는 취지의 발언을 하셔서 깜짝 놀랐습니다. 얼마나 기쁘던지요. 거기에 호응하여 자치회 회원분도 "우리도요" 하고 일어섰습니다. 정말 고마운 일입니다.

사실 '중심 시가지를 활성화한다'는 문구는 일본 전역 어디에서나 쉽게 볼 수 있지만, 정작 제대로 돌아가고 있는 곳은 거의 없습니다. 이전에 노베오카 상점조합의 많은 분들도 지금까지 여러 가지 이벤트를 해왔지만, 결국은 잘 안 됐던 모양입니다. 자치회도 똑같이 다양한 기획을 시험해봤지만 자치회 가입률은 올라가지 않았고 고령화만 진전되었다고 하는군요. 그런 상점가와 자치회에게 지금부터 커뮤니티 디자인을 할 테니 협력해달라고 말해봤자 "우리도 지금까지 여러 가지 안 해본 게 있는 줄 알아? 이제 와서 당신들이 말하는 것에 협력해도 잘될 리가 없어" 하고 반응할 게 뻔합니다. 기존의 기획에 정말 열심히 참여한 사람일수록 더 심하겠죠. 그 한계를 더 잘 실감했을 테니까요. 이런 사람들에게 이번 기획은 여러분이 지금까지 해왔던 것과는 좀 다르다고 아무리 설득해도 이야기를 들어줄 거라고는 생각하지 않습니다. 아무리 탁월한 다이어그램

을 만들어 보여준다 할지라도 잘될 것 같지 않다는 말만 듣겠지요. 그
것은 이누이 씨가 말한 대로, 기획공모전의 심사위원에게 커뮤니티 디자
인 프로세스를 다이어그램화해 보여주는 것과 똑같은 일입니다. 합의 형
성이 아닌 주체 형성이 중요하다고 외친다고 해도 좀처럼 이해시킬 수가
없습니다. 그러면 어떻게 하냐고요? 직접 보여주는 수밖에 없습니다.

그래서 우리는 일단 노베오카에서는, 자치회나 상점가 등 지연地緣형 커

* 노베오카 워크숍 모습(촬영 : 노베오카 시)

뮤니티나 공익형 커뮤니티가 아닌, 시내에서 활동하는 NPO나 서클이나 그룹 등의 테마형 커뮤니티 사람들과 함께 프로젝트를 시작했습니다. 처음에는 '역 앞에 관계된 일이니까 우선은 상점가와 지역 자치회와 함께 꾸려가야 하지 않을까?' 하고 생각했지만, 앞에서 설명했던 것과 같은 이유로 우선은 테마형 커뮤니티와 함께 자신들이 하고 싶은 일을 가지고 모여서 이야기하는 워크숍으로 시작하게 된 것입니다. 이 워크숍에 상점가 관계자와 자치회 관계자분들도 개인적으로 참여할 수 있게 하여 '누가 어떤 말을 발언하는가', '시민의 열의는 얼마나 높은가'를 느낄 수 있게 했습니다. 그 결과, 상점가와 자치회가 움직이기 시작했지요. 오늘 워크숍에서 상점가 사람들이 또 어떤 이야기를 할지 굉장히 기대가 큽니다.

"기획제안서를 설명할 때 건축가가 주체 형성 워크숍의 중요성을 열변하는 것도 좀 이상하다"는 이누이 씨의 말씀도 충분히 이해가 됩니다. 그 점에 대한 사고방식은 두 가지로 생각해볼 수 있습니다. 만일 소프트웨어 부분과 하드웨어 부분을 합쳐서 발표하지 않으면 안 된다면 건축가는 스스로 주체 형성 워크숍에 대해 이야기할 게 아니라 팀을 꾸려서 워크숍을 코디네이트하는 역할을 다른 사람에게 맡기는 것이 낫겠지요. 구조가와 함께 꾸리거나, 건축가와 구조가와 랜드스케이프 디자이너와 커뮤니티 디자이너로 꾸릴 수도 있고요. 그런 식으로 꾸리면 프레젠테이션장에서는, 건축가는 건축에 대해 말하면 되고, 커뮤니티 디자이너는 워크숍에 대해 말하면 됩니다. 또 커뮤니티 디자이너와 건축가가 함께 프레젠테이션한다면, 소프트웨어 면에 대해서는 커뮤니티 디자이너가 말하고 하드웨어 면에 대해서는 건축가가 말하면서, 둘이 설계 프로세스로부터 시공, 사후 운영까지 협동하면서 건축과 마을의 매력을 높일 수 있다고 주장할 수도 있겠죠. 이 점에 대해서는 하드웨어와 소프트웨어를 통합화해 프레젠테이션하는 방식과 제안하는 팀을 어떻게 꾸릴까 하는 과제가 남겠네요.

다른 사고방식, 소프트웨어에 관련된 제안은 기획공모전 프레젠테이션 현장에서는 결정할 수 없다는 견해입니다. 이누이 씨가 지적하신 대로 기획공모전이 아니라 좀 더 충분히 시간을 들여 커뮤니티 디자이너를 선택하는 프로세스가 필요하리라고 보는 거지요. 이 견해에서는 커뮤니케이션 능력과 과제 발견 능력과 과제 해결 능력 등, 소프트웨어 측면을 담당하는 디자이너의 질을 충분히 검토할 수 있는 틀이 새롭게 필요합니다. 이런 면에서 말하자면, 노베오카 프로젝트는 상당히 이상적인 진행 방식이었던 것 같습니다. 시청 담당자와 몇 번이고 계속해서 이야기를 반복해서 소프트웨어 측면의 디자인 내용을 이해시키고, 하드웨어 측면의 디자인은 기획공모전을 통해 감수자를 선택했으니까요. 저와 이누이 씨를 선택한 분이 달랐던 것도 소프트웨어와 하드웨어 디자인이 다른 특징을 지니고 있어서 디자이너의 선택법 또한 달라져야만 했기 때문이었겠지요.

이야기하다 보니 앞에서 살펴보았듯이, 노베오카 프로젝트는 건축 디자인에서도 커뮤니티 디자인에서도, 여러 가지 점에서 상당히 중요한 기획인 것 같습니다. 신건축사의 하시모토 준 씨가 이 프로세스를 기록하고, 그걸 글로 정리하는 게 좋을 거라고 생각한 것도 이해가 갑니다. 그렇게 되면 이 다이내미즘을 어떻게 정리하는가 하는 것도 굉장히 중요해지겠죠. 또 평면도와 입면도뿐만 아니라 노이라트와 같은 다이어그램도 중요해질 테고, 이누이 씨가 말했듯이 라틴계 사람처럼 계속해서 말로 푸는 것이 중요하다고 한다면, 그것을 어떻게 글로 정리할 것인지도 중요해질 겁니다.

그렇습니다. 글로 푸는 '책'이라는 형식이 좋은지에 대한 이야기도 짚고 넘어가지 않을 수가 없네요. 건축에는 '작품집'이라는 형식이 있지만, 노베오카 프로젝트는 지금까지의 작품집과 같은 형식으로는 표현할 수 없는 것이 매우 많습니다. 사실 *《커뮤니티 디자인》이라는 책을 쓸 때도 저는 건축 디자인을 하는 사람이 아니기 때문에 작품집은 만들 수 없으니까 '프로젝트집'을 만들려면 어떤 형식을 선택하는 게 좋을지에 대해 많은 생각을 했습니다. 하지만 적어도 준공 사진과 도면, 해설문을 열거한 형식은 아닐 거라는 사실만은 확실했지요. 그러다 프로젝트를 진행하는 중에 나오는 말이나 감동적인 순간, 또 시민 동료가 협력하게 된 계기, 참여자의 감상 등을 시간별 혹은 계열별로 정리하는 수밖에 없지 않을까 하는 생각이 들었습니다. 결국은 '스토리' 같은 형태가 되어버리더군요. 건축가의 작품집이 사진집과 같은 형식으로 정리하는 예가 많은 것처럼, 커뮤니티 디자이너의 프로젝트집은 '스토리집'과 같은 형태가 되는 게 아닌가 싶습니다. 아니면 동영상으로 정리하는 방법도 있겠네요.

어떤 것을 선택하든, 우리는 커뮤니티 디자인에 대한 프로젝트를 정리해서 발언하는 방법에 대해 좀 더 다양한 옵션을 생각해두는 편이 좋을 것 같습니다. 앞으로를 위해서라도요. 《커뮤니티 디자인》이란 책에 대해 '노하우를 가르쳐주는 책이 아니다', '교과서로 쓸 수 없다' 등의 의견이 있는데, 사실 제 입장에서는 위에서 말씀드렸듯이 '작품집'도 '교과서'도 아닌, 프로젝트집을 만든 것뿐입니다. 만일 필요하다면 *다른 형식의 책

*《커뮤니티 디자인》 (야마자키 료 지음, 가쿠게이출판사, 2011)
우리나라에서도 같은 제목(안그라픽스, 2012)으로 번역 출간되었다.

도 다른 기회에 만들어볼 생각입니다.

이누이 씨가 말씀하신 대로, 건축이 중요하게 생각하는 것이 조금씩 달라지고 있다면, 기획공모전이나 설계공모전의 존재 방식을 바꾸는 것뿐만 아니라 작품집이라는 포맷에도 변화를 주어야 하는 게 아닌가 하는 생각을 해봅니다. 정말로 전달하고 싶은 것을 전달하지 못하고 있을지도 모르니까요. 그런 의미에서 이누이 씨의 책 《아사쿠사의 집》에서 전달하고 싶었던 건축의 질質은, 그림책이라는 포맷이 아니었다면 전달할 수 없었을지도 모른다는 생각이 문득 드는군요. 매우 흥미로운 시도였다고 생각합니다.

2011년 11월 30일

야마자키 료

＊다른 형식의 책

그 후, 커뮤니티 디자인의 실천을 추체험하기 위한 어드벤처 북 《커뮤니티 디자인이란 일》(studio-L 지음, 야마자키 료 감수, 북엔드, 2012)을 출판했다.

이누이 구미코의 열두 번째 편지

2011.12.11

야마자키 님께

문제를 풀고 드로잉 프로젝트를 추진하기 위한

시나리오 플래닝

*《아사쿠사의 집》을 칭찬해주서서 감사합니다. 그 책을 슬쩍 studio-L로 보낸 보람이 있군요(웃음). 아사쿠사의 도시 구조와 같은 것을 추려내어 그것을 건축에 적용해보면 어떨까 하는 제안이었는데, 그 재미를 표현하기 위해서는 평행 세계 형식으로 스토리를 진행하는 게 좋겠다는 생각을 했거든요. 아사쿠사의 기획안을 표현하는 책을 만드는 것이 아니라 건축을 따라다니는 그림책을 만들겠다는 의욕만 앞선 시도였지만, 건축이라는 딱딱한 대상이 비교적 그림책 문화에 잘 녹아 들어갔던 것 같습니다.

그동안의 편지에서도 지적했듯이, 커뮤니케이션 디자인을 전개하는 요소 중 많은 부분이 '애드리브'적인 것들이더군요. 저는 노베오카에서 진행 중인 '역 마을 시민 워크숍'에 입회했을 때에야 그 사실을 겨우 알게 되었습니다. 그 요소에 대해 잠깐 언급하자면 최초로 설정한 목표조차 변하기 쉬울 정도로 아주 역동적이더군요.

아, 이번 편지에서 야마자키 씨의 저서 《커뮤니티 디자인》이 '프로젝트집'으로 만든 것이라는 말씀을 하셨죠? 그렇다면 사무소에서 각각의 안건은 뭐라고 부르나요? 그냥 '프로젝트'라고 하나요? 제3자의 입장에서 봐도 studio-L에서 진행하는 다양한 일을 프로젝트라고 부르는 것은 왠지

* 《아사쿠사의 집》
(이누이 구미코 지음, 헤이본샤, 2011)

어색합니다만, 한편으로 어차피 프로젝트라는 것이 최초로 그린 그림을 그대로 실현하기 위해 가동하는 게 아니라 어떤 바람을 위한 모멘트라고 생각하면, 커뮤니티 디자인 자체가 바로 프로젝트가 아닌가 싶기도 합니다. 프로젝트는 어디까지나 가능체可能體일 뿐이니 그게 비록 목적이나 프로세스를 정하는 것이 당연한 건설 행위일지라도 항상 변용하고 수정하면서 진행되는 것이 일반적이니까요.

다른 얘기입니다만, 건축 잡지 〈a+u〉 2011년 11월호에 *안드레아 팔라디오 특집이 실렸더군요. 아주 재밌었습니다. 주로 현대 건축을 취급하는 〈a+u〉가 고전 건축을 게재한 것에 놀랐고, 플랜을 검토 중인(무려 5세기도 더 전에) 드로잉이 현대에 막 작업한 것처럼 선명하게 실려 있어 마치 팔라디오가 동시대에 활약하는 작가처럼 느껴져서 또 놀랐습니다. 보존 상태가 워낙 좋아서 그런 인상을 준 것도 있지만, 팔라디오가 검토한 내용이 현재에도 그대로 통할 수 있는 것이었기 때문이겠죠. 대표작인 *빌라 로톤다로 말하자면 나인그리드 구성으로 유명한데, 이 나인그리드의 가능성이 현대에서도 다양한 건축가가 반복해서 추구하는 것을 보면, 그가 만들어낸 불변적인 '문제'가 시대를 초월해 숨 쉬고 있다고 말할 수 있을 듯합니다.

194

---

* **안드레아 팔라디오(1508~1580)** 이탈리아 후기 르네상스 건축가. 고대 로마의 유적과 비토르비우스를 연구해 엄격한 고전 형식 작품을 남겼다. 또 저서 《건축 4서》(1570)는 후에 건축계에 커다란 영향을 미쳤다.
* **빌라 로톤다** 북이탈리아 비첸차 교외에 있는 르네상스기의 별장. 1567년에 착공해 1591년에 완성되었다. 중앙에 돔을 놓은 정방형 플랜을 채용했으며 사방에 이오니아식 신전풍의 주랑 현관과 계단이 대조적으로 뻗어 있다. 팔라디오의 걸작 중 하나다.

나인그리드와 같은 건축 고유의 문제는 이외에도 여러 가지가 있습니다. 불변적인 것도 있고 반대로 단명短命하는 것도 있고, 아주 다양하죠. 수학자가 수식의 가능성을 생각할 때 시대나 나라나 문화를 초월하듯이, 건축 고유의 문제도 현실과는 무관한 레벨에서 전개되는 것이 가능합니다. 그 때문에 문제를 푸는 것, 플랜을 검토하는 것, 현실의 프로젝트를 추진하는 것 사이에는 깊은 도랑이 존재하게 되지요.

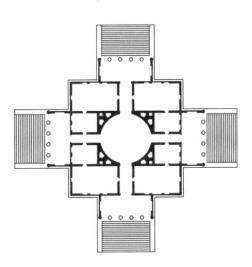

이곳은 '자신의 책임으로 자유롭게 뛰어노는' 공원입니다. 어린이들이 '해보고 싶어' 하는 것을 최대한 '형태'로 만들 수 있는 기회가 있는 놀이터입니다. '어린이들이 자유롭게 놀기 위해서는 사고는 자신의 책임'이라는 사고방식이 기본입니다. 이 지역 어른들과 시부야 구가 협력해서 이 플레이 파크를 만들었습니다. 고장 난 곳을 발견하거나 곤란한 일이 생기면 플레이 리더나 스태프에게 말해주십시오.
시부야 하루노오가와 플레이 파크

최고의 건축가라도 문제를 푸는 것과 프로젝트를 추진하는 것을 완벽하게 일치시키는 것은 불가능할 뿐만 아니라, 그 사이에 흐르는 도랑은 생각보다 깊습니다. 야마자키 씨가 비판하는 지점인 '평면도나 CG 등의 표현에서 기발함을 경쟁하고, 콘셉트와 형태가 어느 정도 정합되면 판단 가능한 건축물'은 문제만 해결했기 때문에 그와 같은 부정적인 인상을 주는 걸지도 모릅니다. 건축의 그와 같은 경향을 생각해보면, 과연 건축이란 결과물이 지금까지 프로젝트를 충족시킬 수 있는 종류의 것이었을까, 하는 의구심이 듭니다. 어쩌면 건축의 드로잉 기술마저도 지금까지 한 번도 프로젝트를 가시화하는 임무를 충족시키지 못한 게 아니었을까 하는 생각마저 듭니다.

아니, 몇 가지 사례는 있습니다. 건물의 단부端部를 트리밍으로 보여주지 않는 '뉴 바빌론'의 드로잉과 같은 방법으로 프로젝트의 모멘트성을 나타내는 기술이 있지요. 혹은 메타볼리즘도 그렇습니다. 최근에는 *이시가미 준야 씨처럼 아슬아슬한 계산으로 성립하는 구조임이 명백한 '얇은' 드로잉도 '프로젝트'가 가지는 모멘트성을 명확하게 표시한다고 말할 수 있겠지요. 하지만 그런 질 높은 사례를 떠올릴 때마다, 그것들이 판타지의 세계에 머무르는 데 실망하게 되는 것도 사실입니다. 판타지라는

---

* 이시가미 준야(1974~) 건축가. 대표작으로 '가나가와 공과대학 KAIT공방'(2007), '아키텍처 애즈 에어'
(2010) 등이 있다.

말밖에 달리 표현할 방법이 없겠죠? 진흙탕인 현실을 위해 어쩔 수 없이 지니게 되는 복잡성에서 너무 멀리 떨어져 있거든요. 그래요, 맞아요. 프로젝트를 한순간에 이해할 수 있도록 하는 기술 같은 건, 어쩌면 이 세상에는 없을지도 모릅니다. 다양한 미디어와 방법론을 조합하면서 비로소 부상하는 것일 수도 있고요. 생각해보면 설계에서 준공까지의 과정을 적나라하게, 그리고 다양한 방법으로 기술한 센다이 미디어테크 기록군群은 프로젝트라는 총체적인 존재를 부상시키고 있는 희귀한 예일지도 모르겠네요.

죄송합니다. 이야기를 제대로 펼쳐보려 안간힘을 썼는데도, 결국 지금까지 주고받은 이야기를 반추하는 내용에 머물러버렸네요. 건축을 너무나 좋아하는 인간에게 건축 드로잉이나 다이어그램의 가능성은 언제나 '무한대'이기 때문에, 필요 이상으로 집요하게 생각했나 봅니다. 하지만 앞으로는 슬슬 그런 환상을 버려야 할지도 모르겠습니다.

2011년 12월 11일

이누이 구미코

야마자키 료의 열두 번째 답장

2011.12.23

이누이 님께

문제를 풀고 드로잉 프로젝트를 추진하기 위한
시나리오 플래닝

아시야에서 야마자키입니다. 오늘은 하루 종일 집에서 글을 쓰고 있습니다. 이런 시간을 가진 게 얼마나 오랜만인지 모르겠습니다. 하지만 그만 가까이에 있던 책을 집는 바람에 그걸 읽다가 '안 돼 안 돼, 계속 집필해야 해' 하고 마음을 다잡았습니다(웃음). 그렇게 마음을 다시 고쳐먹고 이누이 씨에게 답장을 쓰고 있습니다.

studio-L에서는 각각의 일을 '프로젝트'라고 부릅니다. 확실히 처음에는 거리감이 있었습니다. 프로젝트라고 하면 일반적으로는 미리 그려둔 그림을 그대로 실현하기 위해 기획하는 것이라는 의미가 강하기 때문에, 우리처럼 '좌충우돌하는' 일을 '프로젝트'라고 부르는 것은 적절하지 않을지도 모른다고 생각했거든요. 하지만 그렇다고 달리 어떻게 불러야 할지도 몰라서, 결과적으로 "그 프로젝트는 어떻게 됐어?" 하는 식으로 말하게 되고, 지금은 그냥 자연스럽게 '프로젝트'라는 단어를 사용하고 있습니다. 어제 스태프에게 확인해본 바, 우리 사무소에서는 현재 25개 지역에서 55개의 프로젝트를 진행하고 있다고 합니다. 노베오카의 경우는 한 지역에서 한 개의 프로젝트가 돌아가고 있지만, 다른 지역 중에는 다섯 개의 프로젝트를 한꺼번에 진행하는 경우도 있습니다.

노베오카에서 시청 사람들과 처음으로 만나 대화를 할 때는 '시나리오 플래닝'이라는 단어를 사용했습니다. 그 단어가 우리가 하고 있는 프로젝트의 진행 방식을 설명하는 데 더 편리했기 때문입니다. 원래는 군사적인 의미를 지닌 단어라고 하는데, 커뮤니티 디자인 프로젝트의 진행 방식과 비슷한 점이 많았거든요. 시나리오 플래닝은 처음에 지향해야 하는 미래상像과 그것에 다다르는 시나리오를 기획하는 데 있어, 시나리오를 항상 네 종류씩 준비해놓아 상황이 어떻게 변해도 다른 시나리오로 부드럽게 이행할 수 있도록 해두는 것이 특징입니다. 사회 정세의 변화에 대해서는 크게 두 가지 축을 설정합니다. 예를 들어 '테마 커뮤니티가 많이 모이는 경우, 모이지 않는 경우'를 횡축으로, '상점가가 협력적인 경우, 비협력적인 경우'를 종축으로 잡는 거죠. 그렇게 하면 네 개의 경우의 수가 생깁니다. '테마 커뮤니티는 많이 모였지만, 상점가가 협력하지 않는 경우', '상점가는 협력하지만, 테마 커뮤니티가 모이지 않는 경우', '테마 커뮤니티도 모이지 않고 상점가도 협력적이지 않은 경우', '상점가도 잘 협력하고 테마 커뮤니티도 많이 모인 경우'이지요. 이렇듯 항상 네 종류의 시나리오를 만들어두는 것이 시나리오 플래닝의 진행 방식입니다. 그러면 그 네 개의 시나리오 중 하나에 도달하겠죠. 그 상태에서 또다시 새로운 축을 설명하고 네 개의 시나리오를 만듭니다. 그런 과정을 계속 반복하면서 커뮤니티 디자인 프로젝트를 진행합니다. 그 밖에도 'JR(일본철도 'Japan Railways'의 약칭-옮긴이) 규슈가 역사 개조에 '협력적인 경우', '비협력적인 경우'라든가 '의회가 이해해주는 경우', '이해해주지 않는 경우' 등, 그때그때에 따라 검토해야 하는 내용을 두 축으로 나눠서 네 개의 시나리오를 생각합니다. 그것들을 머릿속에 그리면서 워크숍을 실시하기 때문에 시민들이 어떤 의견을 내느냐에 따라 거기서 어떤 미래상을 제시하는가를 반복하는 것이, 워크숍 현장에서 우리가 하는 일이지요.

사실 노베오카에서는 이누이 씨 덕분에 지금 현재 '테마 커뮤니티가 많이 모이고 상점가도 협력적으로 되어가는' 상황이라서, 다음 시나리오를 다시 네 종류 준비하는 참입니다. 어제 상점가와의 회의에서는 '상점가도 마을의 활성화를 위해 무엇인가를 하고 싶은데, 우리는 어떤 이벤트를 하면 좋을까요?'라는 의견이 나왔습니다. 그래서 "사람을 모으기 위한 이벤트는 테마 커뮤니티가 해줍니다. 상점 주인들이 똑같은 이벤트를 개최하느라 그것 때문에 자신의 가게 문을 닫아버리는 건 주객이 전도된 상황이라고 볼 수 있지요. 상점 주인들은 반드시 자신이 팔 물건을 제대로 체크해서 모인 사람들이 즐겁게 쇼핑할 수 있는 상점 만들기에 신경을 써주시길 바랍니다"라는 말을 했습니다. 한편 빈 점포를 테마 커뮤니티가 사용하겠다고 말할 가능성이 있기 때문에, 상점가의 인간관계를 활용해 빈 점포의 주인에게 좀 저렴한 비용으로 점포를 빌릴 수 있도록 협의하고 싶다는 뜻도 전했습니다. 상점가 사람들이 협력해주었으면 하는 부분은 지금으로선 이 두 가지입니다.

저희가 처음에 시나리오 플래닝으로 커뮤니티 디자인을 진행하는 데 대해 한창 노베오카 시 여러분들에게 설명하던 당시에는, 시청의 담당과 내에서 '시나리오 플래닝'이라는 단어가 유행했다고 합니다(웃음). 이자카야에서 안주를 주문할 때도 "시나리오 플래닝적으로 보면 튀김도 주문하는 게 좋겠죠?" 하는 식의 대화가 이루어졌다고 들었습니다(웃음).

커뮤니티 디자인에 종사하는 사람의 입장에서 보면, '건축가가 적절한 플랜을 제시해주는 경우, 그렇지 않은 경우'라는 축도 포함됩니다. 커뮤니티의 의견을 그만큼 들었는데도 건축가가 자신이 만들고 싶은 것을 만들고 말았다면, 우리는 커뮤니티 사람들과 같이 어떤 행동을 취해야 할지 상정하지 않으면 안 되거든요. 물론 이누이 씨의 설계 프로세스는 굉장히 사려 깊고 신중해서 매회 워크숍에 참여해주시고, 시청과 JR이나 그 외 단체의 의견까지 다 참고하면서 복잡한 퍼즐을 풀어주셨기 때문에, 이 축에 대해서는 전혀 걱정을 하지 않습니다. 다만 지난번 편지에도 썼듯이 여기서 '건축 고유의 문제'가 얽혀버리면 시민들이 바라지 않는 시나리오가 나오기 쉽습니다. 저도 예전에 설계 일을 했던 사람인지라, 건축 고유의 문제가 존재하는 것은 잘 알고 있습니다. 또 그것을 상쾌하게 푸는 것이 건축계 내에서의 위상과도 연결된다는 것도 잘 알고 있습니다. 하지만 거기에 지나치게 주력하면 프로젝트 전체의 콘셉트를 해치는 것도 사실입니다. 이누이 씨가 말씀하신 '문제밖에 풀지 않는 건축이 프로젝트 전체에 부여하는 마이너스 영향'에 대해, 우리는 수많은 전례를 알고 있으니까요.

더 이상 그런 종류의 전례를 반복해서 건축의 신뢰를 실추시켜서는 안 된다고 생각합니다. 예를 들어 복지 분야나 교육 분야 사람들은 건축 고유의 문제를 공유하지 않기 때문에, 그것을 고집하는 건축가의 자세를 보면서 '이런 사람에게 부탁하는 게 아니었는데' 하고 후회하게 되겠죠. 실제로 예전에 건축 설계 일과 관련했던 이야기가 나오면, 사람들 입에서 건축가에게는 할 말이 좀 많다는 식의 말이 바로 튀어나오는 걸 여러 번 들었습니다. 대부분이 건축가가 건축 고유의 문제에 너무 집착한 결과이지요. 프로젝트 전체로 보면 건축도 하나의 요소일 뿐입니다. 물론 커뮤니티 디자인도 똑같이 하나의 요소입니다. 프로젝트 전체와 자신이 관련된 요소와의 밸런스 감각은 어떤 요소에 관련된 사람이라도 똑같이 중요한 것입니다.

렘 콜하스는 그 문제에 대해 굉장히 눈을 빨리 뜬 사람입니다. OMA에서 오랜 시간 동안 건축 디테일에 대해 고민하는 스태프에게, 콜하스가 "그렇게 고민할 필요 없어, 고작 건축일 뿐이잖아" 하고 말했다는 내용의 기사를 읽은 적이 있습니다. 전후 문맥은 기억나지 않지만 기사를 읽으면서 '프로젝트 전체의 가치를 최대화하려는 건축가에게는, 건축 고유의 문제에 대해 고집해야 하는 지점과 고집해서는 안 되는 지점이 명확히 구분되는구나' 하는 생각을 했던 기억이 납니다.

프로젝트를 시나리오 플래닝으로 진행할 때는 시나리오를 기획하는 각각의 단계에서 고유의 모멘트가 필요합니다. 뉴 바빌론이나 메타볼리즘의 방식에 일정한 가능성을 느끼는 동시에 그 모멘트가 제시하는 판타지의 단순함에 환멸감을 느끼게 된다는 점에는 동감합니다. 우리는 좀 더 복잡하게 얽힌 요소의 관계성을 매니지먼트하려 하고 있으니까요. 이 다이내미즘을 전달하기 위한 방법론은 압도적으로 부족합니다. 드로잉이나 다이어그램으로 그것들을 전달할 수 있다고 말하고 싶은 마음은 굴뚝같지만, 확실히 그것들이 환상이라는 사실을 자각하는 편이 오히려 앞으로 나아가는 데 도움이 될지도 모르겠습니다.

벌써 연말이네요. 지금까지의 속도로 생각해보면, 다음 편지를 보내는 건 아마도 내년 1월쯤이 될 것 같습니다. 그런 이유로 이쯤에서 인사 한 마디 할게요. 올해는 정말로 여러모로 신세 많이 졌습니다. 이누이 씨와 함께 프로젝트를 진행할 수 있어서 정말 즐거웠습니다. 내년에도 잘 부탁드립니다. 연말 행복하게 보내세요!

2011년 12월 23일

야마자키 료

추신

지난번부터 계속 눈길이 가던 근처 공원에 가보았습니다. 그랬더니 단순한 구립 공원이라고 생각했던 그 공원이, 어릴 때부터 동경했던 비밀 기지 모습을 하고 있다는 걸 알 수 있었습니다. 울창한 나무들 사이로 트리하우스 모양의 구조물이 DIY로 만들어져 있었고, 한쪽에서는 어른들이 즐거운 듯이 밥을 짓고 있는 게 아니겠어요? 장소는 시부야 구. 도시 한복판에서 캠프라니! 입이 딱 벌어졌습니다. 작은 간판에는, 이 공원에서는 파크 매니지먼트가 제대로 되어 있다는 공지가 쓰여 있었습니다. 취사를 하는 캠퍼 비슷한 사람들은 구에서 공원 관리를 맡고 있는 사람들이었던 것입니다. 8년 전부터 이런 상태였다고 하는군요.

역시 사람은 사람이 많은 곳에 사는 게 제일이라는 걸 새삼스레 깨달았습니다. 단순한 어린이 공원도 이렇게 재미있으니까요!

이누이 구미코

겨울 편지

커뮤니티란 무엇일까

이누이 구미코의 열세 번째 편지

2012.1.7

야마자키 님께

시민의 의견이란 무엇인가

드디어 2012년이 시작됐네요! 올해도 잘 부탁합니다.

사무소 책상 뒤쪽에 있는 제 책장에는 어쩌다 우연히 인터넷으로 구입한 '읽어야 하는데…' 유의 책이 잔뜩 꽂혀 있어서, 그 존재가 매일같이 압박 감을 주는 바람에 정신 건강에 좋지 않습니다. 보통 휴일이나 추석 연휴, 설날이 바로 그런 것들을 해치울 좋은 기회인데, 올해 설날 연휴는 유난 히 짧아서 거의 손도 대지 못했습니다. 그 와중에 간신히 읽은 것은 달랑 *아즈마 히로키의 《일반 의지 2.0》 하나뿐. 언제쯤이면 '아아, 또 한 권밖 에 읽지 못했다' 하는 자책에서 벗어날 수 있을까요?

하지만 *《일반 의지 2.0》은 분량의 문제를 만족도로 커버해주는 책이었 습니다. 사상계 계통의 난해한 내용인가 하고 읽기 시작했는데, 웬걸, 요 즘 제가 흥미를 느끼는, 야마자키 씨가 하고 있는 일이나 집단지성集團知 性 등에 굉장히 깊이 관련된 내용이어서, 제법 동감하며 읽을 수 있었습 니다. 책 한 권을 읽었을 뿐인데도 올해 설날도 제대로 보냈다는 흐뭇한 기분을 충분히 느낄 수 있었습니다.

이 책에서는 웹상의 아키텍처가 인식하는 새로운 타입의 집단지성이 무엇 을 나타내는가, 그리고 그것을 어디에 이용할 수 있는가를 탐구하고 있 었습니다. 잠깐 내용을 훑어보자면, 일찍이 *루소가 강조했던 일반 의사

211

---

* 아즈마 히로키(1971~) 사상가, 소설가이며, 주식회사 겐론 대표. 저서 로 《존재론적, 우편적》(1998), 《동물화하는 포스트모던》(2001), 《퀀텀 패 밀리즈》(2009), 《일반 의지 2.0》(2011) 등이 있다.

* 《일반 의지 2.0》(아즈마 히로키 지음, 고단샤, 2011)
우리나라에서도 같은 제목(현실문화연구, 2012)으로 번역 출간되었다.

* 장 자크 루소(1712~1778) 프랑스의 사상가이자 소설가. 저서 《사회계 약론》(1762)에서 공공 이익을 지향하는 '일반 의사'를 제창, 근대 민주주의 이론의 기초를 세웠다. 그 외의 저서로 《에밀》(1762), 《고백》(1766) 등이 있다.

란 사람과의 '집합적인 무의식'을 나타내니 시대는 달라도 *프로이트가 말한 무의식과 통하는 지점이 있는 게 아닐까? 우리는 지금, 예전에는 신비주의적인 이미지로밖에 접근할 수 없었던 집단적 무의식을, 구글이나 SNS, 트위터 등 정보 집적에 탁월한 아키텍처를 통해 태어난 데이터베이스로 가시화할 수 있는 시대에 사는 게 아닐까? 하는 흥미로운 가설로 시작하는데, 그중에서도 개인적으로 가장 흥미를 끈 것은 그런 집단적 무의식을 단순히 *하버마스와 같이 숙고熟考를 전제로 한 공공권의 존재 방식과 대립적으로 접근하는 것이 아니라, 무의식과 숙고 양쪽을 활용하면서 '비틀비틀' 국가와 '통합'해가는 것이 좋지 않을까 하는 부분이었습니다. 즉, 인간 자체가 무의식적인 욕망을 억압하는 것에 때로는 성공하고 때로는 실패하면서 '어떻게든 자아 통일을 지키는' 것을 사회 전체에 바로 적용해 생각해도 괜찮지 않을까 하는 이야기입니다.

이 책은 말하자면 '아아, 이런 방법이라면 자연스럽게 잘될지도 몰라' 하고 생각하게 만드는 리얼리티를 지니고 있었습니다. 그러고 보니, 2012년 1월호 〈신건축〉(아, 야마자키 씨가 올해 월평 담당을 맡으셨지요. 그렇지 않아도 그렇게나 공사다망하신데 이런, 명복을 빕니다[웃음]. 매월 기대할 테니 열심히 써주세요!)에 게재된 텍스트 중에 야마자키 씨의 커뮤니티 디자인은 하버마스적 공공

* **지그문트 프로이트(1856~1939)** 오스트리아의 정신분석학자이자 정신과 의사. 인간의 무의식에 주목해 정신분석을 창시했다. 《꿈의 해석》(1900), 《정신분석 입문》(1917) 등 다수의 저서가 있다.
* **위르겐 하버마스(1929~)** 독일의 사회학자이자 철학자. 공공성론과 커뮤니케이션론의 일인자이다.

권을 가능하게 하기에 유효한 툴을 지닌 게 아닌가 지적하는 부분이 보이더군요. 아즈마 씨는 그것과는 또 다른 방향에서 공공이나 사회의 존재 방법, 통치 방법에 대해 이상주의적인 사고 회로로 빠지지 않는 사고 방식을 깨달았던 것 같습니다. 게다가 이 책은 알렉산더의 고속도로 위치 결정에 대한 제안을 계속 인용하면서 집단적 무의식을 좀 더 구체적으로 이용하는 방법을 제안하고 있습니다. 26가지 요인을 중복해서 완성한 혈관과 같은 그림을, 하나의 디자인을 '결정'하는 것으로써 파악하는 것이 아니라 '오히려 디자인에 제약을 부여하는 방법론'으로 생각해야 하는 게 아닌가, 하고 주장하더군요. 저는 이 부분에서 고개를 끄덕이고 말았습니다. 그 그림은 최소한 잘못된 장소에 고속도로를 놓진 않는다고 주장하는 그림이었기 때문입니다.

'주민 참여 합의 형성' 하면, 어떻게든 하나의 의견으로 집약해야만 한다고 생각하기 쉽지만, 현실적으로 그런 상태로 진행하는 것은 굉장히 어렵습니다. 어디선가 누군가가 무엇을 컨트롤하지 않으면 참가자 전체의 의견 따위는 생겨나지 않으니까요. 주민 참여에 의한 집단지성을 그대로 다이어그램 디자인으로 환치하는 방법도 있기는 하지만(뤼시앵 크롤 등이 시도했죠. 일본에서는 조[코끼리] 설계집단의 시도 정도가 있겠군요) 뭐라 말하기 힘 213

알렉산더가 진행한 만하임 고속도로 계획의 그래픽 테크닉에 대한 스터디(1962)
(출전 : 이소자키 아라타, 《건축의 해체》, 가지마출판사, 1962)
(오른쪽 사진) 모든 서비스, (왼쪽 사진) 해당 지방의 토지 개발성

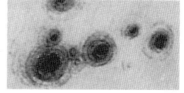

든 거리감을 느끼게 되지요. 이 책을 읽다 보면, 그 거리감의 정체가 집단적인 '무의식'에 대한 맹목적인 복종이라는 것을 깨닫는 데에서 기인한다는 사실을 대충 이해하게 됩니다. 예를 들어 *조(코끼리) 설계집단이 만든 도상성 높은 모티브는 보고 싶지 않아도 응시할 수밖에 없는 거리감에서 다가오기 때문에 조금 불편하긴 하지만, 리비도적이라고 표현하면 좋을까요? 아무튼 그것이 '무의식'을 조형造形으로 환치했다고 생각하면 이해하기 쉬울 것 같습니다.

214

* **조(코끼리) 설계집단象設計集團** 1971년 요시자카 다카마사 밑에 있던 오타케 고이치, 히구치 히로야스, 도미타 레이코, 시게무라 쓰토무, 아리무라 게이코 등 다섯 명이 발족한 건축가 집단이다. 대표작으로 오키나와 현 나고 시청사가 있다. (그림 출전 : 조코끼리 설계집단 편저 《공간을 사랑하여》, 고사쿠샤, 2004)

'시민 워크숍 등에서 나오는 의견, 즉 집단지성에 어떻게 대처하는가' 하
는 문제는 야마자키 씨는 전국의 자치단체에서, 그리고 저는 노베오카
에서 당장 생각해야 하는 현실적인 과제이기도 합니다. 《일반 의지 2.0》
을 읽으면, 집단지성이라는 문제가 지금까지는 없었던 형태로 웹상에서
가시화되는 것이 명확해진 현대에 와서는, 국가 혹은 세계 레벨의 정치나
사상을 말하는 것까지 포함하고 있다는 사실을 이해할 수 있습니다. 지
난번 편지에서 '시나리오 플래닝'에 대해 가르쳐주셨죠? 저는 그것 또한
집단적 무의식을 의식적으로 '비틀비틀 통합'하는 방법론이 아닌가 생각
하고 있는데, 제 생각이 맞나요? 그리고 시민 워크숍 등에서 나오는 의견
이란 무엇인가, 그것은 의식적인 것인가, 아니면 무의식의 표현인가, 하는
점에 대해 야마자키 씨는 어떤 이미지를 가지고 있는지도 솔직하게 여쭈
어보고 싶습니다.

2012년 1월 7일

이누이 구미코

야마자키 료의 열세 번째 답장

2012.2.4

이누이 님께

시민의 의견이란 무엇인가

아시야에서 야마자키입니다. 조금 전에 《일반 의지 2.0》을 다 읽었습니다. 지난번 편지를 받은 지 1개월이나 되었네요. 책을 늦게 읽는 것도 정도가 있지, 너무 늦어서 죄송합니다.

그럼 그 《일반 의지 2.0》 이야기를 해보죠. 흥미로운 책이었습니다. 의식과 무의식의 밸런스를 정치에도 적용할 수 있다는 제안에는 맞장구를 치게 되더군요. 하지만 이 이야기를 국가 레벨의 정치 이야기로 파악할 것인가, 아니면 우리가 관련되어 있는 지역 레벨의 워크숍 이야기로 파악할 것인가에 따라, 그 사고방식은 조금 달라질 듯합니다. 국가 레벨이라면 트위터 등에 의해 전국(혹은 전 세계)에서 모여드는 다양한 의견의 집합체=일반 의사를 참고해 심사숙고해도 되겠지만, 지역 레벨의 대화에는 개별적이고 구체적인 안건이 많이 포함되기 때문에, 거기에 모두 똑같이 '일반 의사'를 적용하기는 어려울 거란 생각이 들기 때문입니다. 가령 노베오카 상점가의 빈 점포를 활용하기 위해서 오너를 설득해야 하는데 어떤 방식을 써야 오너가 납득할 것인가 하는 이야기를 할 때, 전 세계에서 모인 무의식적인 '일반 의사'를 참고하기란 어려운 일이거든요.

국가나 정치에 대해 이야기하는 거라면 《일반 의지 2.0》에서 나온 이야기를 납득할 수 있지만, 지역 정치에 대해 생각해보면 '특수 의사'를 '일반 의사'로 무의식화해 그것을 지역 정치에 반영하는 방법은 다소 갑갑해 보입니다. 오히려 그 지역에 사는 한 사람 한 사람이 지닌 '동물성'과 '인간성'을 동시에 파악하는 편이 이야기를 진행하기에 훨씬 더 편하지 않을까 싶습니다. 그곳에는 주체성의 문제가 존재하기 때문입니다. 트위터 등에서 특수 의지를 계속 업로드하고 그 집합을 일반 의지로 가시화해 그것을 참고로 숙고하는 방법을 선택한다면, 아즈마 씨가 표현한 대로 '대중'은 무책임하건 어쨌건 중얼거리기만 하면 됩니다. 하지만 우리가 워크숍에서 중요시하는 것은 중얼거린 사람이 중얼거린 내용에 대해 책임을 지는 것입니다. "이왕 말을 했으니 해봅시다" 하는 확인 작업을 중시하는 방식이지요.

만일 대화를 유튜브나 판도라에 공개해 거기에서 아무런 관계없는 무수한 사람들이 그것에 대해 비방과 중상모략을 포함한 의견을 제멋대로 중얼거린다고 칩시다. 그 결과 그 집합을 가시화함으로써 워크숍에 뭔가가 환원된다고 하더라도, 그곳에서 결정된 정책에 참여하려는 의식이 양성되지 않는다면 아무 의미가 없습니다. 국가 정책이라면 그런 방식도 좋을지 모르겠습니다만(최소 국가라는 개념이라면), 지역의 의사 결정은 그런 식으로 돌아가지는 않습니다. 최소 국가가 최소일 수 있기 위해서는

(외교와 방위와 치안 유지만을 부담하면 되는 상황이 계속되기 위해서는), 지역의 정치를 제대로 꾸려가야 할 필요가 있기 때문입니다. 또 지역 정치를 제대로 꾸리기 위해서는 지역주민이 성신을 차리고 지역에서 확실하게 활동할 필요가 있습니다.

이것이 바로 우리가 주체 형성 워크숍을 중요하게 생각하는 이유입니다. 사실 구체적으로 보면 우리의 방법 중에도 사고방식이 일반 의사와 닮은 것이 있습니다. 이누이 씨도 우리 워크숍을 보고 이미 깨달았을지도 모르겠지만, 우리 워크숍에는 '숙고熟考'라는 것이 거의 눈에 띄지 않습니다. 참고 메모지에 쓰인 키워드만 굉장히 많이 집적되어 있을 뿐입니다. 게다가 '3분 만에 써주세요'라든가 '5분 안에 정리해주세요' 같은, 마치 게임처럼 시간을 나눠서 '질보다 양'을 중시하여 의견을 받습니다. 그 결과 KJ법으로 정리한 메모를 살펴보면, 참여자의 무의식적 집합이 가시화되어 있다는 것을 알 수 있습니다. 'Yes, and...'라는 대화의 법칙을 설정함으로써 부정하지 않고 의견을 가능한 한 많이 낼 수 있도록 하는 방법입니다. 이 방법은 심사숙고형 의견에 익숙한 참여자에게 거리감을 줄 수도 있습니다. 하지만 워크숍에서 의논해도 대부분 모든 사람 전부가 만족하는 답은 나오지 않습니다. 이 부분은 아즈마 씨의 사고방식과 똑같습니다. 하지만 보다 많은 의견을 받아서 그것을 그룹마다 정리한 다음 다른 팀이 정리한 것과 비교해보면, 놀랄 정도로 어느 팀이나 다 거의 비슷한 의견이 나오는 걸 볼 수 있습니다. 이렇게 눈으로 보이는 형태로 정리한 의견을 늘어놓으면, 그 집단이 무의식적으로 바라는 미래 청사진이 보인다는 것이 우리 워크숍의 방법입니다.

이렇게 정리한 의견을 설계자인 이누이 씨에게 건넵니다. 이것은 알렉산더의 제조건諸條件과 같이 고속도로를 잘못된 곳에 건설하지 않도록 주의를 촉구하는 지표가 됩니다. '잘못된 공간을 설계하지 않도록'이라는 조건 중 하나가 되는 것이지요. 하지만 설계자는 그 조건만 참고해 설계하는 건 아닙니다. 워크숍에 참여하지 않은 사람도 있을 것이고, 참여하고 싶어도 참여할 수 없는 사람도 있기 마련입니다. 지역주민이 아닌 사람도 역을 이용할 수 있고요. 그렇기 때문에 설계자는 워크숍 결과를 참고로 하고, 이에 더해 많은 이용자나 장래 세대의 이용 방법을 상정하면서 설계를 진행합니다. 이것이 아즈마 씨가 말한 숙고와 무의미 사이에서 균형을 잡으면서 '비틀비틀 나아가는' 설계의 존재 방식이 아닐까요? 설계의 경우에는 그 외에 JR의 의견이나 시청의 의견, 그 외 교통 사업자의 의견과 방재 관점 등, 알렉산더가 준비한 26개의 시트와 같은 제조건이 이미 있습니다. 따라서 워크숍 의견은 스물일곱 번째 항목의 시트로 취급되겠지요. 그 점에 대해서도 《일반 의지 2.0》과 더없이 비슷한 구도가 형성되어 있다고 생각합니다.

지금까지 우리의 워크숍을 《일반 의지 2.0》에 예를 들어 적용하며 얘기해 보았습니다. 하지만 앞에서 밝혔듯이 사람들 의견을 들으면서 하드웨어를 설계하는 것과 정책을 입안하는 것은 커뮤니티 디자인의 측면 중 하나에 불과합니다. 또 하나 간과해서는 안 되는 중요한 측면은 그 자리에서 이야기하는 사람들의 주체 형성입니다. 대화에 참여하는 사람들이 사이가 좋아지고, 신뢰 관계를 형성하고, 용기를 얻어서 함께 활동하고 싶어지는 것. 이 사람들이 마을에서 활약할 수 있는 분위기를 형성하고, 제도를 충실하게 하고, 실제로 활동을 개시할 때까지 서포트하는 것이 커뮤니티 디자인의 또 하나의 역할입니다. 따라서 단순히 의견을 집약해 건축가에게 건네는 것으로 우리의 역할이 끝나는 게 아닙니다. 《일반 의지 2.0》에서는 그 부분의 중요성은 다루지 않았더군요. 트위터를 경유해 중얼거리는 사람들은 서로 간에 액션을 일으키는 주체는 될 수 없습니다. 비방이나 중상모략도 상관없으니 실컷 마음대로 (동물적으로) 중얼거리고, 그러면 또 그걸 본 사람들이 반사적으로 마구 RT(리트윗)를 하면 그뿐인 것입니다. 그 뒤는 그것을 참고해 '선량'한 정치가가 숙고의 과정을 거쳐 의사 결정을 하면 되는 거죠. 그것은 국가나 정부나 민주주의 등의 새로운 형태를 모색하려 한 아즈마 씨의 '꿈'이기 때문에 좋은 것입니다. 말하자면 에세이로서는 상당히 재미있다고 말할 수 있을 것 같습니다.

하지만 제가 몸담고 있는 곳은 지방자치 현장이고, 그 현장은 그곳에 사는 사람들이 직접 움직이지 않으면 변하지 않습니다. 우리는 워크숍에 참여하지 않고 집에 틀어박혀서 "애플 스토어에서 쇼핑하는 것이 결과적으로 애플 제품을 개선하는 데 기여하고, 간접적으로는 우리의 장래 생활을 개선해준다" 같은 소리를 할 수 없는 한계 집락이나 중심 시장가를 상대합니다. 그렇기 때문에 단순히 의견을 어떻게 집약하느냐 하는 이야기뿐만 아니라, 의견을 낸 사람들끼리 어떻게 연결될까, 어떤 행동을 유발할까 하는 것들이 더 중요해지는 것입니다.

이때 가장 중요한 것은 워크숍에 참여하고 싶다고 생각하게 하는 즐거움이, 워크숍에 존재하는가 여부입니다. 말하자면 워크숍에 가는 것이 즐겁게 느껴질 만한 자리로 만드는 것이 중요하다는 얘기죠. 《일반 의지 2.0》에서도 현재의 정치는 누구도 참여하고 싶다고 생각하지 않는 존재가 되고 말았다는 것, 그리고 욕망의 결여가 그 근본적인 문제가 아닌가 하고 지적했습니다. '그 말대로'라고 생각합니다. 워크숍이 아무도 참여하고 싶어 하지 않는 것이 되어버린다면, 그곳에서는 무의식도 양성되지 않을 테고, 동료 의식도 생겨나지 않을 것입니다. 그곳에 즐거움이 있어야 한다는 것이 가장 중요합니다.

정부나 국가를 겨냥해 생각해본 《일반 의지 2.0》과 우리의 방법론 사이에는 공통되는 부분도 있지만, 다른 부분도 있습니다. 그중 하나는 규모에 대한 생각입니다. 책 속에 이런 말이 쓰여 있더군요. '커뮤니케이션에 따른 합의 형성에는 저절로 규모의 한계가 생긴다. 우리는 그 한계를 넘은 지점에서 설계자의 자의성을 억제하는 시스템을 발명해야 한다.'

국가나 정부를 생각해보면, 확실히 그것이 중요한 일이겠다는 생각이 들지만, 저는 반대로 규모의 한계를 인식한다면 가능한 한 그 규모를 넘지 않는 스케일로 일을 진행해야 한다고 생각합니다. 그 때문에 저는 워크숍 참여자가 너무 많아지면 2부제로 나눠서 스케일을 작게 유지합니다. 아마도 '스몰 이즈 뷰티풀'이라는 생각이 제 마음 속에 존재하는 탓이겠죠.

2012년 2월 4일

야마자키 료   223

이누이 구미코의 열네 번째 편지

2012.2.15.

야마자키 님께

'북적임'이라는 단어에 대한 거리감

《일반 의지 2.0》을 정면에 던진 것이 정답이었던 듯하네요. 이번에도 아주 많은 귀중한 이야기를 끌어낼 수 있었으니까요. 야마자키 씨에게서 좋은 이야기를 끌어내는 저의 훌륭한 기술도 한몫했다고 생각해도 되겠지요? 아니면 잘 낚는 사람이라고 말해도 상관없습니다. 이 왕복 서간에서 저에게 부여된 임무는 '야마자키 씨의 관심'이라는 '물고기'를 낚아 올리는 것이라고 이해하고 있으니까요. 이렇게 말하고 나니 저는 오로지 좋은 장소나 먹이를 찾는 데만 분주한 사람 같은 느낌이 드네요(웃음).

《일반 의지 2.0》에 대한 야마자키 씨의 의견은 확실히 현장감 넘치는 것들이었습니다. 하버마스의 숙고형이나 《일반 의지 2.0》에서 제시한 숙고나 무의식을 '활용'하는 방법도 있겠지만, '지방자치'라는 문제를 생각하면 둘 다 적절하지 않다는 의견에는 고개가 끄덕여지는 부분이 있었습니다. 지금까지 몇 번이나 지적했던 '그곳에 사는 사람이 스스로 움직여야 하는 상황'을 만드는 것이 얼마나 중요한지 다시 한 번 강조한 셈이네요. 새삼스레 중요하다 느낀 것은 워크숍이라는 존재를 상대화하는 태도였습니다. '워크숍에서 나온 의견은 절대적인 것이 아니다'라는 것이죠. 어떤 방향성은 제시할 수 있을지 모르지만 절대적인 구속력을 지닌 것은 아니라는 점. 이 뉘앙스를 체득하고 있는지 여부에 따라 워크숍의 의미

225

나 진행 방식이 상당히 많이 달라지겠지만, 이것이 가장 이해하기 어려운 부분일지도 모르겠습니다. 저도 이제야 겨우, 야마자키 씨의 진행 방식을 보면서 어렴풋이 이해할 수 있게 되었으니까요.

지난번 편지에도 썼던, 야마자키 씨가 던진 명제命題! '워크숍에 참여하지 않은 사람도 책임질 수 있는 결과를 만들어라' 하는 말에는 아직도 놀라게 되는 부분이 있습니다. 워크숍에서 맛보는 고생 때문일 수도 있고, 아니면 성급하게 '주민 참여의 결과'를 구하려고 했기 때문일 수도 있는데, 아무튼 워크숍에서의 의견을 절대화하려는 마음은 많은 경우에 존재하리라 생각합니다. 하지만 워크숍 참여자가 그 지역의 주민 중 일부에 지나지 않는다는 것을 냉정하게 받아들인다면 그 명제는 역시 옳은 것이고 워크숍에서 나온 의견을 절대화하는 것은 옳지 않은 태도라는 사실을 이해할 수 있습니다. 또 자각이 있든 없든 관계없이, 워크숍에 면죄부를 주는 데에도 유용하겠지요.

야마자키 씨는 노베오카 역 마을 시민 워크숍에서 자주 '색과 형태는 전문가인 이누이 씨에게 맡깁시다!' 하고 시민들 편에서 말씀하셨지요. 실은 그 말을 들을 때마다 위가 아팠답니다. 저런 방식으로 시민들 편에서 시민 워크숍에 대한 사고방식을 전하는 동시에, 우리 설계자에게는 각오를 다지게 만든다는 느낌을 받았거든요. 그 필살 코멘트를 말할 때마다 만면에 미소를 띠던 야마자키 씨의 얼굴이 귀신처럼 보인 건, 비단 저와 이누이 사무소 스태프만은 아니었을 겁니다(웃음). "주민의 의견을 듣지 않고 디자인하다니 말도 안 되죠?" 하고 말하던 그 혀로 어느새 다시 디자이너의 독재성의 필요성을 설파하고(아, 어제 후쿠오카 회의 얘기입니다), 워크숍에서 나온 여러 가지 의견을 끼워 넣으면서 동시에 그것을 통째로 삼키지는 말라고 말하는 듯한, 다양한 방향에서 이중 구속된 상황에서 설계자를 계속해서 구속하고, 미래의 판단에 대해서는 툭, 하고 설계자에게 맡겨버리는 건 상당히 새디스틱한 태도라고 생각합니다(웃음). '만드는' 것에 대해 알면서도 그것을 버린 '야마자키 료'라는 인간의, 냉철할 정도의 엄격함이 그대로 느껴지더군요. 사실 야마자키 씨는 이런 방식을 통해, 만드는 측에 "이런 시대에 그래도 만드는 일에 종사할 거라면 그 의미를 철저하게 조사한 다음에 실행하라"라고 요구하는 것이겠죠.

하지만 한편으로는 이런 느낌은 만드는 측의 피해망상일지도 모른다는 생각도 듭니다. 야마자키 씨는 사물에는 관심이 거의 없고, 거기에서 잉태된 커뮤니티의 존재에만 주목할 뿐인 걸요. 어쩌면 야마자키 씨는 야마자키 씨의 책임 범위인 커뮤니티 디자인과 하드웨어 디자인 사이에 명확한 경계선을 긋고 그 선을 따라 아주 깨끗하게 구분하고 딱 떨어지게 나눔으로써, 지금까지 보이지 않던 디자인의 가능성을 열고 있는 것일지도 모르겠습니다.

궁극적으로는 야마자키 씨는 건물은 짓지 못하더라도 그다지 상관없다는 생각을 갖고 있겠구나, 하는 상상을 해봅니다. 말하자면, 야마자키 씨에게 건축 같은 건 커뮤니티 디자인의 원료 중 하나 정도랄까요(원료라는 단어를 사용할 만큼 지배적인 건 아니지만요). 반대로 워크숍이 설계의 원료라고 생각한다면 그건 엄청난 반전이겠네요. 그것도 재밌네요.

아니, 사실 반전이라기보다 그 둘이 균형을 이루고 있다는 게 정답이겠죠. 우리 설계자는 야마자키 씨의 워크숍을 이용하고, 야마자키 씨의 커뮤니티 디자인은 우리가 준비하는 하드웨어를 이용함으로써 보다 북적거리는 상황을 만들려는 거죠. 그렇게 서로가 보완하는 관계를 구축하는 것이 무엇보다도 중요하다는 생각이 듭니다. 그리고 지금은 편의상 '커뮤니티 디자이너×설계자'만으로 범위를 좁혀서 얘기했지만, 실은 그이상 관계성을 확대하는 것도 굉장히 중요하다고 생각합니다. 결국 어느쪽이든 건물의 완성에는 주종이 있지만 그것을 상정하는 것이 그다지 큰 의미는 없다는 것으로 깔끔하게 정리되는군요. 어디가 시작인지는 모르겠지만, 여러 사람들이 북적거리는 상황에서 산 하나를 쌓아 올린다는 정도의 마음가짐을 가지는 게 좋을 것 같습니다. 건축을 만드는 책임을 포기할 생각은 없습니다만, 지금까지 짊어지고 온, 혹은 부담을 느껴온 과분한 기대감이나 의미를 아주 조금이라도 줄이고, 마을에 대한 건축의 적정한 존재 방식, 결국 포지셔닝을 어떻게 재구축해야 하는지를 가장 먼저 생각해야 할 시기가 온 것 같습니다. 이 지점이야말로 당연히 우리와 같은, 만드는 측의 책임이 요구되는 지점이리라는 생각이 듭니다.

2012년 2월 15일

이누이 구미코

야마자키 료의 열네 번째 답장

2012.2.17

이누이 님께

'북적임'이라는 단어에 대한 거리감

후쿠이에서 야마자키입니다. 후쿠이 현이 주최하는 디자인 아카데미라는 곳에 이야기를 하러 왔습니다. 내일은 교토에서 일이 있습니다만, 모레는 또다시 후쿠이로 와서 미술관에서 이야기를 하도록 되어 있습니다. '후쿠이, 교토, 후쿠이라니. 이런 스케줄, 별로 좋지 않은데 어떻게 조정 좀 안 되나?' 하고 생각하던 참입니다(웃음).

이누이 씨의 지적은 모두 정확하네요. 워크숍을 하고 주민의 의견을 듣고 그것을 취합해서 건축적인 액티비티로서 정리해 건축가에게 건네고 "이것들을 실현할 만한 공간을 제안해주세요"라고 말하면서 "워크숍에 나오지 않은 사람의 액티비티까지 만족시킬 만한 제안을 부탁드립니다" 하고 주문하다니, 제가 생각해도 귀신으로 보일 수밖에 없겠는데요(웃음).

그 배경에 있는 것은 이누이 씨가 지적하신 대로 '주민이 스스로 움직일 계기를 만들어야 한다'는 생각입니다. 그리고 또 하나는 '북적임'을 만들면 그걸로 괜찮을까, 하는 의문입니다. '북적임'이라는 단어는 편리한 단어입니다. 그것이 있으면 건물이 잘 완성될 것 같은 느낌이 들거든요. 즉, 프로젝트가 성공한 듯이 느껴집니다. 그래서 '북적임 창출 사업' 같은 것이 각지에서 실시되곤 합니다. 마을이 흥청망청 북적거리면 경제적으로도 성공할 것 같은 느낌이 들기 때문이죠. 커뮤니티 디자인은 북적임을 만들기 위한 방법이라고 생각하는 사람도 많은 듯합니다.

하지만 저는 사실 그다지 '북적임'이라는 단어를 좋아하지는 않습니다. 그 단어 때문에 보이지 않는 액티비티가 너무 많거든요. 잘 아시다시피 우리가 관여하는 커뮤니티 디자인은 그렇게 많은 북적임을 발생시키지는 않습니다. NPO나 서클 등의 시민 활동 단체는 그것이 아무리 훌륭한 활동이라 하더라도 수십 명을 모아서 소규모로 즐거운 일을 하는 게 한계입니다. 수천 명, 혹은 수만 명을 모을 만한 힘은 없습니다. 애초에 그런 것을 지향한 것도 아니고요. 이미지로 치면, 철도에 흥미가 있는 사람들이 모여서 철도에 대해 서로 이야기하고, 연구하는 등의 활동이 마을 여기저기에서 펼쳐지는 것을 선호하는 이미지입니다. 하나의 테마로 많은 사람들이 모여서 북적이는 풍경을 만들고 싶었던 게 아닙니다. 일상적으로 각각의 커뮤니티가 자신들이 하고 싶은 것을 하고, 그곳에 팬이 조금씩 모여서 즐기면서 새로운 연결 고리가 생겨나는 것을 지향하는 거죠.

여기서 중요한 것은 커뮤니티 활동뿐 아니라, 거기에 참여하지 않는 사람들도 각자의 생각대로 그 장소에서 시간을 보내는 것을 가능하게 만드는 상황입니다. 단순히 앉아서 휴식을 취하는 사람, 책을 읽는 사람,

낮잠을 자는 사람, 지나가는 사람을 구경하는 사람 등, 북적임을 만들어내는 건 아니지만 그 공간에 '참여'하고 있는 사람들의 존재가 중요합니다. 워크숍 참여자의 의견만으로 공간을 만들지 않길 바라는 것은 위와 같은 생각이 있기 때문입니다. 북적임만 만들고 싶은 것도 아니고 주체적으로 활동하는 사람들만을 위한 전용 공간을 만들고 싶은 것도 아닙니다. 그 장소에 있는 사람, 각자의 생각대로 시간을 보내는 사람, 가끔씩 그 장소에 얼굴을 내미는 사람. 저는 그런 사람들이 있는 풍경을 이미지화하고 있습니다. 그리고 그러기 위한 하나의 시스템이 커뮤니티 디자인이 아닐까 생각합니다.

이러한 감각은 건축 계획자인 *스즈키 쓰요시 씨에게 배운 것입니다. 스즈키 씨는 아오키 준 씨의 친구로 대학 동기죠. 그는 '있을 곳[居方]'이라는 단어를 만들었습니다. 15년쯤 전부터 사용되어온 단어지요. '공공 공간을 설계할 때는 그곳에 모인 사람들이 [있을 곳]을 생각하면서 설계하는 것이 중요한데, 그것은 비단 [북적임]으로 이루어진 장소를 뜻하는 것이 아니다'라는 것이 스즈키 씨의 주장입니다. 그 때문에 '각자의 생각대로' 라든가 '있을 곳' 등, 사람들이 그 장소에 있는 상태를 지칭하는 단어를 많이 찾아내고, 그 단어를 공유하면서 설계를 진행해온 것이죠. 그

* **스즈키 쓰요시(1957~)** '있을 곳' 연구자. 오사카대학 대학원 지구 종합 공학 전공 준교수이기도 하다. 주요 연구 테마는 전 세계의 공원이나 도시 공간, 건축물 속 '있을 곳'으로, 사람들의 '있을 곳'을 관찰하고 연구하고 있다. 주요 공저로 《건축 계획 독본》(2004), 《마을의 있을 곳》(2010) 등이 있다.

런 사고방식에 저는 매우 공감합니다. '각자의 생각대로'라는 단어를 들었을 때 대강 어떤 종류의 공간인지 상상이 가시죠? '있을 곳'이란 단어를 들었을 때도 거기에 적합한 공간 이미지가 머릿속에 떠오릅니다. 물론 '북적임'이라는 단어를 들었을 때도 상상할 수 있는 공간이 있습니다만, 그것은 어디선가 본 적이 있는 공간 이미지뿐입니다. '있을 곳'을 가리키는 단어를 좀 더 많이 만들어내야 할 것 같습니다.

저는 커뮤니티 디자이너로서 '있을 곳'의 다양성을 늘릴 순 없을까, 항상 고민하고 있습니다. 물론 공간을 만듦으로써 양질의 '있을 곳'을 생성하는 것은 가능합니다. 벤치의 적절한 배치라든가 구성, 나무 그늘 만들기, 개별성과 투명성을 확보한 공간 만들기 등, 공간 속에서 있을 곳을 만들어내는 것은 가능하겠죠.

하지만 한편으로 활동 단체가 각각의 장소에서 활동함으로써 그 주변에 머물 곳을 다양하게 생성해내는 것도 가능하지 않나 생각합니다. 크게 나눠보면 '활동하는 사람들의 거동', '활동에 참여하는 사람들의 거동', '활동을 주변에서 구경하는 사람들의 거동'이라는 것이 생겨날 텐데, 어떤 종류의 활동이 어떤 식으로 펼쳐지면 그것을 구경하거나 둘러싸거나 들여다보는 '있을 곳'이 발생하는가, 그런 것을 이미지화하면서 커뮤니티 디자인을 진행하고 있습니다.

그렇기 때문에 설계하는 사람에게도 활동하는 사람들만을 위한 공간으로 생각하지 말라고 부탁하는 겁니다. 그 주위에 있는 사람, 혹은 활동이 없을 때에도 그곳에서 시간을 보내는 사람들이 '있을 곳'에 신경이 쓰이니까요. 단순히 많은 사람이 모임으로써 북적이는 공간이 아니라, 각자의 생각대로 편하게 있을 곳이 마련된 쾌적한 공간이 생기길 바라거든요.

'북적임'이라는 단어는 많은 사람이 모여 있는 것만 뜻하는 단어로, 다양한 사람들이 있을 곳을 지칭하기엔 느낌이 너무 단조롭습니다. 대부분의 사람이 같은 '있을 곳'에 있다는 얘긴데, 제가 이상적으로 생각하는 풍경은 똑같은 '있을 곳'에 사람들이 한꺼번에 많이 모이는 것이 아니라, 각각 다른 '있을 곳'에 있지만 결과적으로 그 공간이 같다는 느낌을 주는 풍경입니다. 말하자면 많은 사람들을 모이게 하고 싶은 게 아니라, 많은 '있을 곳'을 만들고 싶은 거죠. 있을 곳의 다양성이야말로 마음을 편안하게 하는 풍경을 만들어내는 것으로 연결되지 않나 생각합니다. 그렇기 때문에 공간의 다양성도 중요하고, 커뮤니티의 다양성도 중요합니다. 노래를 부르는 사람, 그 노래를 듣는 사람, 리듬에 맞춰 춤추는 사람, 그들을 외부에서 구경하는 사람, 음악을 배경 삼아 책을 읽는 사람. 커뮤니티가 주체적으로 관여하는 액티비티 주위에 '있을 곳'이 좀 더 많이 존재하면 좋겠다고 바라는 것입니다. 있을 곳의 다양성을 높이기 위해서는 보다 다양한 커뮤니티를 모으는 게 좋을 테고, 그들의 액티비티를 중심으로 있을 곳을 좀 더 많이 만들 수 있을 테니까요.

이누이 씨의 설계 프로세스를 보고 안심했습니다. 앞에도 썼지만 '있을 곳의 다양성'의 중요함을 순식간에 이해하고는, 역驛 이용자와 커뮤니티의 활동이 혼재하는 공간 구성을 제안해주셨으니까요. 그것은 '활동하는 사람', '참여하는 사람', '구경하는 사람'의 다양성을 늘림으로써, 있을 곳의 다양성을 높여주는 공간 구성이었습니다. 또 투명한 벽으로 온화하게 공간이 구분되어 있어서, 이누이 씨가 말씀하신 '마음 편한 북적임' 속에 있을 곳의 다양성이 나타나는 이상적인 풍경을 만들어내겠다는 생각이 들었답니다. 저는 커뮤니티 디자인을 통해, 이누이 씨는 건축 디자인을 통해 공공 공간에 포함된 있을 곳의 다양성을 높이려 노력하고 있는 셈이죠.

있을 곳의 다양성은 새로운 있을 곳을 생성하는 것으로도 연결됩니다. 이미 비슷한 선례가 있습니다. 역 주변에 카페나 잡화점 등이 탄생하면 그곳에 또한 새로운 있을 곳이 발생하는 법이니까요. 노베오카 역 주변에 대해 생각할 때, 있을 곳의 다양성이라는 것은 항상 함께 생각해두어야 하는 포인트입니다.

2012년 2월 17일

야마자키 료

이누이 구미코의 열다섯 번째 편지

2012.3.2

야마자키 님께

커뮤니티는 의사意思가 있는 사람의 모임

연속적으로 이동한다는 것은 정말 보통 일이 아니더군요. 저도 지난주에 야마자키 씨에게 버금가는 희한한 경험을 했답니다. 도쿄, 후쿠야마, 도쿄, 노베오카, 오사카, 노베오카, 도쿄, 리쿠젠타카타. 오로지 이동만 하는 것 같은 나날을 보내는 와중에, 그럴 때 자주 일어날 법한 일이지만, 제가 굉장히 좋아하는 모자와 장갑을 어딘가에서 분실했습니다(눈물).

'있을 곳'의 다양성. 굉장히 중요한 사안이지요. 제가 자주 생각하는 것은 공공 공간을 생각할 때, 즐거운 사람만을 상정해서는 안 된다는 것입니다. 어떤 공간을 공유하는 사람들 중에는 분명 슬픈 사람도 섞여 있을 테고, 어떤 이유로 상처받은 사람도 있을 것입니다. 그리고 피곤한 사람이나 신체가 부자유한 사람도 섞여 있습니다. 더 나아가 단순히 편하게 담담한 시간을 보내고 싶은 사람도 많을 겁니다. 전차나 공공 공간에서 서 있거나 지나가는 사람들의 얼굴을 잘 살펴보면, 기분이 좋아 들뜬 사람은 의외로 소수에 불과합니다. 번화가에는 들떠 있는 사람의 비율이 높으니 그 분위기에 맞추는 데 이의는 없습니다만, 역이나 일상적인 마을에서 다양한 타입의 사람이 이용하는 장소를 만들 때는 그런 식으로 진행해서는 안 됩니다. 공공 공간에서는 어떤 상황에나 어울리는 초연한 존재로서의 성격이 요구되어야 하지 않을까 싶습니다.

그래서 최근에 흔히 볼 수 있는 역 안 쇼핑몰 형성에 대해서는 편리함이라는 점에서는 찬성하지만, 상업적이고 화려한 내장이 역 공간을 지나치게 많이 침범한다는 점에 대해서는 부정적인 느낌을 지울 수가 없습니다. 게다가 역이 상업적이고 스펙터클한 공간이 되면서 발생하는 또 하나의 문제는, 코털이 삐져나와 있는 아저씨라든가(웃음) 보따리를 머리에 인 아주머니(이젠 보기 힘든가요) 등이 있을 곳이 없어지고 있다는 점입니다. 아, 그리고 또 야마자키 씨의 슬라이드에 나온 '야쿠르트 아줌마'도 마찬가지입니다. 즉 도시성이 사라지고 있다는 얘기입니다. 아름다운 공간은 필요하다고 생각하지만, 사람을 배제하는 듯한 '아름다움'을, 공공성이 높은 건축에 실현하는 것은 어울리지 않는다고 생각합니다. '아름다움'은 표면상의 문제가 아니라, 그것이야말로 사람이 있을 곳의 다양성을 허락하는 의연한 공간의 구조 속에서 비로소 표출하고 싶은 것이기 때문입니다.

스즈키 쓰요시 씨 얘기가 나오니, 고지마 가즈히로 씨가 정리한 *《액티비티를 설계하라!》라는 책이 생각나는군요. 다양한 건축을 사례로 들면서 비주얼적으로 액티비티의 사고방식을 설명하는 책이었는데, 스즈키 씨의 문장이 뉴욕의 그랜드 센트럴 스테이지 사진과 함께 게재되어 있었습

은행 문을 닫은 후 그 앞에 가게를 연 야쿠르트 파는 아주머니. (촬영 : 오쿠가와 료스케) 지역 노인들이 아주머니와 이야기를 하러 모여든다.

니다. 다른 페이지의 텍스트가 하나같이 설계 의도에 관한 설명인 데 비해, 시적詩的으로 장소의 특성을 언어화한 것이 인상적이었습니다. 그걸 보면서 이렇게 후세에 타자他者에게 회자될 수 있는 장소를 만들 수 있으면 참 좋겠다는 생각을 했던 기억이 납니다. 하지만 제가 제대로 공부를 하지 않은 탓에, 야마자키 씨가 애써서 제 예전 사장님인 아오키 준 씨의 클래스메이트라고 알려주신다 한들, 저는 어차피 그 짧은 텍스트 이외에는 스즈키 씨에 대해서는 아는 게 없답니다. 그래서 지난번 편지를 받은 후, 이번 기회에 스즈키 씨의 다른 텍스트(*《건축 계획 독본》)을 입수해 읽어보았습니다(후후후, 사실은 그래서 이 편지가 늦어진 것이랍니다).

그 책에는 '있을 곳의 타이폴로지', '생태 기하학' 등 설계자에게 상당히 필요한 개념이 담겨 있는데, 그중에서도 제 흥미를 끈 것은 '타자가 있다는 의미'를 검증하는 텍스트였습니다. 조금 인용해보면 '타자와 환경의 관계는 관찰자 자신의 환경 인식의 중요한 재료를 제공하고 있다', '환경 디자인을 하려면… 그 사람과 환경의 관계가 주위에 어떤 의미를 가지는가를 고려한 시점이 필요하다'(스즈키 쓰요시 '제5장 체험되는 환경의 질의 풍요로움을 취급하는 방법론' 《건축 계획 독본》 p.117~138) 등의 부분입니다. 환경/체험이라는 1대 1의 관계만을 파악해서는 안 되고, 아무튼 환경/체험자/타자라는 3

241

*《액티비티를 설계하라!》
(고지마 가즈히로 지음,
쇼코쿠샤, 2000)

*《건축 계획 독본》
(후나하시 구니오 편지,
오사카대학 출판회, 2004)

자 관계가 그 장소에 대한 체험자의 이해를 풍요롭게 하기 위해 '필요'하다고 주장하고 있습니다. 그렇습니다. 역시 코털 아저씨는 저에게는 중요한 존재입니다(웃음). 까까머리를 한 야마자키 씨는 어떤 타입의 사람을 중요하게 생각할까요? 여고생일까요?(웃음) 결국 그 장소에 있는 '타자'의 타자성이 높으면 높을수록, 그 환경이 가지는 포용력이 정보가 될 수 있는 상황이 더 많이 생기는 셈이니까요. 그런 측면에서 반대로 타자성이 낮다는 이유로 공공성이 파괴되는 대표적 상황으로는, 스즈키 씨도 예로 내놓은 바 있는, 소득수준과 환경이 비슷한 젊은 엄마들이 모여 무리해 '데뷔'해야만 하는 공원이 있겠네요. 그런 의미에서 노베오카에서도 가능한 한 다양한 분들이 모였으면 좋겠습니다. 연령, 활동, 입장, 패션, 취미 등이 다 제각각인 사람들이 '각자의 생각대로' 시간을 보낼 수 있는 환경이 조성되면 얼마나 멋질까요.

더 나아가 스즈키 씨의 글에서 인상적이었던 것은 신주쿠에 있는 미쓰이 빌딩55에 대한 설명이었습니다. '사람이 적을 때에도 쓸쓸하지 않은 장소였으면 좋겠다'는 설계자의 생각이 인용되어 있더군요. 이것도 노베오카 같은 지방 도시 역이나 거리를 생각할 때 중요한 포인트로 삼을 수 있을 것 같습니다. 하지만 한편으로는 '사람이 적을 때에도…'라는 문구에

발끈하는 사람도 분명히 있을 것 같네요. '이게 대체 무슨 말이야!? 북적거리게 하려고 디자인한 거 아니었어?' 하고 말이죠. 맞아요. 환경 디자인에도 리스크 헤지는 필요합니다. 절약해야 할 곳은 확실하게 절약하고 정확하게 계산해서 적자가 나지 않을 정도의 상황까지는 확실하게 만들어놓고 나서, 조금씩 '이익'이 나올 만한 방법을 생각해야만 합니다. 그런 현명함을 몸에 익힐 수 있으면 좋을 텐데요. 아, 그렇군요. 이 리스크 헤지 감각은 노베오카 시의 윗분들을 비롯한 많은 분들이 확실하게 지니고 있겠군요. 그러므로 저는 안심하고 디자인 감수자가 해야 할 일을 하면 될 것 같습니다.

2012년 3월 2일

이누이 구미코

야마자키 료의 열다섯 번째 답장

2012.3.12

이누이 님께

244 커뮤니티는 의사意思가 있는 사람의 모임

야마나시에서 야마자키입니다. 후에후키 시의 사카이가와 강 지구에서 워크숍을 하다가, 분위기가 너무 달아오르는 바람에 도쿄행 마지막 전차를 놓쳐버렸습니다. 그래서 신주쿠 호텔 방에 짐을 놔둔 채 다시 후에후키 시의 이사와 온천에 숙소를 잡았습니다. 가끔은 이런 일도 있는 법이지요(웃음). 이렇게 된 이상, 천천히 온천이라도 즐기고 맛있는 식사도 해야겠다고 생각하다가 이누이 씨 편지에 답장을 하지 않았다는 사실을 깨달았습니다. '온천 여관에서 편지를 쓰다니 내가 꼭 문호文豪 같잖아!' 하고 생각하면서 유유히 펜, 아니 노트북을 여는 참입니다. 그러니, 잠시만 제 문호 놀이에 맞장구를 쳐주십시오.

사실 스즈키 쓰요시 씨의 '사람과 환경의 관계성이 관찰자에게 중요'하다는 시점은, 저도 크게 영향을 받은 부분입니다. 저는 커뮤니티 디자인을 생각하면서 자주 '있을 곳'에 대해 떠올립니다. '어떤 사람들이 어떤 장소에서 활동한다는 것이, 그 외의 사람들에게는 어떤 의미를 지닐까?', 바꿔 말하면 '커뮤니티 활동에 참여하지 않는 사람들에게 그 활동은 어떤 의미를 지닐까' 하는 이야기죠. 그런 의미에서 커뮤니티 활동도 공간을 만드는 하나의 요소로 파악한다고 말할 수 있겠네요. 이것은 오픈 스페이스를 설계할 때부터 변함없이 유지하는 관점입니다.

예를 들어 공원을 설계할 때, 보통 놀이 기구 배치를 생각하고 기구의 디자인을 생각합니다. 인공적인 놀이 기구뿐만 아니라, 나무를 어떻게 배치할까, 지형을 어떻게 이용할까, 공원 길이나 수로를 어떻게 만들까 하는 것들도 함께 생각하지요. 그럴 때 저는, 그에 더해 그 장소에서 노는 사람들을 어떻게 '배치'하면 좋을까'까지도 생각합니다. 사람들의 활동을 '배치'라고 말하는 것은 좀 이상하지만, 아무튼 저는 부지 계획 중에 공간의 모든 요소 중 일부분으로서 있을 곳의 '배치'를 생각하는 일이 많습니다. 부지 어디에 어떤 종류의 '있을 곳'을 만드는 게 이상적일까, 거기까지 '배치'가 가능해지면 비로소 공간이 완성되었다는 느낌이 든다고나 할까요. 물론 사람들의 활동은 이쪽이 생각하는 대로 '배치'되는 것은 아니겠지만, 다양한 있을 곳이 그 장소에 존재해야만 그제야 비로소 머릿속에서 그런 공간이 완성된다고 생각합니다. 그 때문에 사람이 있을 곳이 없는 건물 사진을 보면, 항상 안타깝다는 생각을 합니다. 뭐랄까, 완성되기 전 사진을 보는 기분이 드는 것이지요.

그다지 적절한 표현이 아니라는 건 잘 알고 있습니다. 앞의 이야기들을 알기 쉽게 설명해보죠. 예를 들어 *아리마 후지 공원을 디자인할 때는 공원 내에 화단이나 연못을 배치하거나 하는 것과 똑같은 감각으로 커

* 시민 참여형 파크 매니지먼트에 성공한 아리마 후지 공원 다양한 시민 단체가 공원 내에서 프로그램을 실시하고, 공원을 찾는 사람들과 함께 즐긴다.

뮤니티 활동을 '배치'했습니다. 여기서 알아둬야 할 점은 커뮤니티 활동은 '살아 있는 것'이기 때문에 시간이 경과함에 따라 계속 변한다는 사실입니다. 몇 시간만 지나도 다른 커뮤니티 활동으로 변할 수 있지요. 하지만 저는 이것이야말로 공원을 구성하는 요소로서 굉장히 매력적인 요소라고 생각합니다. 놀이 기구나 지형, 공원 길은 상당히 긴 시간 동안 그 모습이 변하지 않는 것들이지만, 나무 등의 자연은 시시때때로 그 모습이 변화됩니다. 그리고 커뮤니티 활동은 훨씬 더 짧은 시간에도 변할 수 있는 공원의 구성 요소 중 하나라고 말할 수 있습니다. 이것을 어떻게 배치하느냐 어떻게 조합하느냐에 따라 완성되는 풍경은 상당히 달라집니다. 최근에는 물리적인 공간을 설계하는 일은 거의 없지만, 지금도 저는 물리적인 공간을 설계할 때와 똑같이 커뮤니티 활동을 설계하려고 노력합니다. 공간에 형태를 주는 벽이나 바닥이나 나무를 파악하듯이 커뮤니티 활동을 파악하려는 면이 있다고도 말할 수 있습니다.

그렇기 때문에 이런 종류의 일을 '커뮤니티 디자인'이라고 부르는 거겠죠. 사람에 따라서는 커뮤니티를 디자인할 수 있다고 여기는 것은 불손한 태도라고 생각할 수도 있을 겁니다. 물론 저도 자신이 커뮤니티를 디자인할 수 있다고 생각하는 것은 아닙니다. 하지만 앞에 기술했듯이, 마을의 구성 요소, 공간의 구성 요소로서 수목이나 도로, 하천, 벽이나 바닥이나 천장과 병치되는 것으로서 커뮤니티를 파악하면서 그것들을 어떻게 전체적으로 디자인할까 생각하는 것뿐입니다.

그러니까 '커뮤니티 디자인'이라고 말할 때의 '커뮤니티'는 개념상의 커뮤니티를 의미하는 것입니다. 실제의 커뮤니티는 제가 디자인할 수 있는 것이 아니라, 자기 조직화하면서 생겨나고 자라는 것일 테니까요.

마을의 이용자(관찰자)는 나무가 있고, 도로가 있고, 하천이 있고, 커뮤니티 활동이 있는 공간을 체험합니다. 환경의 여러 요소를 전체적으로 파악해 얼마나 편안한지 판단합니다. 타자가 있을 곳과 환경의 관계성을 생각하면서 자신에게 얼마나 편안한지 판단하는 거죠. 공간을 디자인하는 사람의 입장에서 커뮤니티에 관련되면, 이상과 같은 상황을 항상 생각할 수밖에 없습니다.

이 시점에서 또 서둘러 덧붙여야 할 것은, 커뮤니티는 공간을 구성하는 요소이면서 동시에 의사意思가 있는 사람의 모임이기도 하다는 점입니다. 도로나 하천에는 의사가 없습니다만, 활동하는 주체에는 의사가 있고 인간관계가 있습니다. 커뮤니티 내부의 의사를 어떻게 조정할 것인가, 즐거움을 어떻게 생성해낼 것인가, 활동을 어떻게 지속시킬 것인가, 하는 것들에 대해서는 지금까지 말씀드린 것처럼 매니지먼트 시점이 중요해집니다. 이런 활동이 지니는 의미에 대해 말해보자면, '사람들과 서로 협력하고, 신뢰하고, 연결 고리를 재생하고, 인연을 만드는 것이 중요하다'라는 정서적인 표현으로 바꿀 수 있겠지요. 이런 정서적인 측면에 '디자인'이라는 단어는 적합하지 않습니다. 차라리 그것들을 어떻게 '매니지먼트'하느냐, 하는 식의 표현이 적절한 것 같습니다.

우리 일은 마을의 시점에서 말하자면 커뮤니티를 '디자인'하는 것이고, 조직의 시점에서 말하자면 커뮤니티를 '매니지먼트'하는 것입니다. 어느 한쪽에 치우치지 않고, 둘 사이에서 균형을 잡으면서 '마을 커뮤니티 활동의 가치'와 '활동함으로써 커뮤니티 내부에 생기는 가치'를 모두 다 고려하는 것이 중요합니다. 말은 이렇게 하지만, 결국은 항상 정서적인 측면이 하늘 높은 줄 모르고 지나치게 솟아 올라가 버리는 탓에, 막차를 놓치고 온천장에서 자는 사태가 일어나게 되지만요(웃음).

2012년 3월 12일

야마자키 료

이누이 구미코의 열여섯 번째 편지

2012.3.19

야마자키 님께

건축적 사고가 '만들지 않는 것'에
도움이 되려면

250

어제의 톱뉴스는 뭐니 뭐니 해도 오사카 시와 오사카 부가 최대 주주로서 간사이전력에 원자력발전소의 신속한 폐지를 요구했다는 것이었죠. 뉴스를 보고 깜짝 놀랐습니다. 여러 가지 면에서 신선하다는 생각을 했습니다. 우선은 지방자치 단체가 자신이 주주라는 권리 의식을 확실하게 가지고, 그것을 이용했다는 점이 놀라웠습니다. 또 제안이 단순히 배당에 속하는 수익 문제가 아니라, 장기적인 버전에 관련된 것이었다는 사실도 대중의 눈에는 새롭게 비치는 부분이었습니다. 게다가 지방자치 단체라는 플레이어가 자신의 입장을 살리면서 나라의 원자력발전 행정에 맞서 승부를 걸었다는 사실도 좋았습니다. 오사카가 원자력발전에 대해 금기 없이 의논하는 계기를 만들겠다는 코멘트까지 나왔으니, 상당히 의식적이었던 거죠. 중앙집권/지방자치 관계의 존재 방식에서부터 미래 일본의 존재 방식까지 많은 걸 시사해주네요. 원자력발전 행정에 대해 이러쿵저러쿵 이야기하는 것은 이쯤에서 접어야 할 것 같습니다만, 아무튼 지방자치 단체가 중앙에 돌진하는 구도가 굉장히 후련했고, 오사카에 지연地緣이 있어도 이렇다 할 뭔가가 없었던 최근의 모양새에 실망하고 있던 저로서는, '아, 오사카가 앞으로 뭔가 변할지도 몰라, 기대해볼까' 하고 팬의 마음이 되어 설레게 되는군요. 이런 느낌을 불러일으키는 데서부터 지방 재생이 시작되는 것이라는 사실을 실감하는 순간이었습니다.

지난번 편지에서 재밌었던 것은 나무와 커뮤니티 활동을 동시에 바라보는 것이 가능한, 랜드스케이프 디자이너 출신이기 때문에 가능한 야마자키 씨의 태도였습니다. 누구의 소유도 아니고 그 범위를 명확히 할 수도 없는 랜드스케이프라는 대상에 대해 항상 고민해왔기 때문에, 무엇을 가지고 디자인하느냐 하는 디자인 시스템 틀에 대해 상황마다 어쩔 수 없이 다시 물을 필요가 있었던 거겠죠. 하지만 아무리 그렇게 해도 결국은 시스템 문제에 부딪치기 때문에, 야마자키 씨도 썼듯이, 지금 하는 일이 대체 '디자인'인지, '매니지먼트'인지 알 수 없게 되고, 어떤 미디어가 전달하기에 효율적인지도 매번 상황에 맞추면서 일일이 생각하지 않으면 안 되었던 거죠. 그것은 스릴 있을 정도로 힘든 일임에는 틀림없지만, 그 고생을 고스란히 이어받은 부산물로써 나무와 사람을 동일시해 공간을 구성하는 등 크리에이티브한 것을 포착하는 색다른 방법을 얻게 되었다는 점은 참 근사하네요.

그러고 보니, 그저께 *지바대 오카베연구실 학생 리더십으로 개최한 타지방 리디자인심포지엄에 참석했습니다. 오다테 시라는, 보소반도의 남

---

* **지바대 오카베연구실** 지바대학 공학부 건축학과의 오카베 아키코 연구실. 건축 · 도시 디자인, 도시 정책, 지역 정책을 전문으로 한다.

단까지 완행열차(그것밖에 달리 방법이 없었습니다)로 마치 코끼리열차를 타는 기분으로(웃음) 이동했습니다만, 결과적으로 갔다 오길 잘했다는 생각이 듭니다. 지역 활동에 참여하는 건축계, 도시 공학 계통의 연구실 학생이 활동 보고를 하는 형식이라, 다소 실수를 하면서도 진지하게 해야 할 일을 찾으려는 자세가 인상적이었습니다. 지역과의 협력과 조직 운영 등에 대한 '매니지먼트' 이야기가 나와 모두에게 많은 공부가 되는 좋은 시간이었습니다. 야마자키 씨를 비롯한 앞 세대의 '만들지 않는 디자인'의 DNA가 차세대로 완벽하게 이어지고 있다는 사실을 눈으로 확인한 느낌입니다.

그런 식으로 전체적으로는 굉장히 관심이 많이 갔던 학회였으나, 학생들의 발표를 듣다 보니 '만드는 것'에 대한 이야기, 이른바 형태 디자인에 대한 코멘트가 한마디도 없었다는 점이 신경에 거슬렸습니다. 아무리 그래도 형태가 있는 디자인을 하는 입장인데도 말입니다. 그게 저에게는 너무나 부자연스럽게 느껴졌습니다. 지나치게 '만들지 않는 것'만 극구 찬양하길래, 제가 반대로 '만드는 것'을 너무 기피하는 것은 건전하지 않다는 둥 본질적이지 않다는 둥의 코멘트를 했습니다(놀라운 변화군요. 몇 년 전이라면 그런 질책의 말은 한마디도 안 했을 텐데요). 여기서 포인트는 분명히 '디자인을 만들다/만들지 않는다'를 아무 준비나 대책 없이 선택하는 것이 아니라, 그 '시스템을 묻는' 것이었기 때문입니다. 이런 지역 문제를 실천적으로 기획하는 데 있어서, 대학에서는 학생들이 어떤 기술을 몸에 익히는 것으로 설정해야 할까요? 그런 측면에 대한 판단은 언제나 참 어렵네요.

약간 다른 이야기입니다만, 도쿄예술대학에는 영상 연구과가 있어서 장래에 영화나 영상 산업에 투신할 인재를 육성하고 있는데, 학부는 없습니다. 대학원 과정부터 전공이 가능합니다. 말하자면 어떤 방향이라도 좋으니 인접 영역에서 어느 정도의 전문적인 기술을 몸에 익힌 다음에 오라는 의미겠지요(아까 기술한 심포지엄에서 블루스튜디오의 *오시마 요시히코 씨는 '전체의 균형을 잡는 기둥'이라는 표현을 쓰더군요. 적절한 표현이라고 생각합니다). 그렇게라도 하지 않으면 영화처럼 상당히 복합적인 장르 속에서 학생은 쉽게 자신의 중심을 잃어버릴 수도 있지 않을까, 충분히 상상할 수 있는 부분입니다. 지역 현장의 복합성도 영화와 비슷한 것(이라기보다는, 그 이상으로 복합적)이기 때문에 현장에 학생을 보낼 때는 이런 예술대의 영상학과의 설정 등을 참고로 하는 게 좋을지도 모르겠습니다. 어느 정도 자신이 잘하는 분야와 흥미 범위를 확정한 다음에 들어오도록 말이죠.

254

---

* 오시마 요시히코(1970~) 주식회사 블루스튜디오 전무이사. 건축가이자 부동산 컨설턴트로서 자유로우면서 참신한 건축 작품을 다수 설계하고 레노베이션했다.

다만 젊다는 것은 놀라울 정도로 무시무시한 것이라, 아무 지식이 없어도 현장에서 아주 작은 경험만으로 본질적인 문제를 파악하거나 동물적인 감으로 그 문제를 해결하는 재능을 발휘하는 것도 사실입니다. 한편으로 그 가능성을 생각하면 "균형 감각이니 뭐니 다 필요 없고, 일단 현장으로 뛰어들어!" 하고 말하고 싶은 마음도 있습니다. 정말 어렵네요. 이상적인 그림을 그려보면, 학생이 아무 생각 없이 뛰어든 현장에서 각각의 재능을 펼칠 장소를 우연히 발견하는 것일 테죠. 그 속에는 당연히, 형태가 있는 디자인을 하는 일도 있을 것이고, 그래픽도 있을 것이고, 워크숍 퍼실리테이션 기술도 있을 것이고, 전체 매니지먼트도 있을 겁니다. 어떤 기술이 지역 문제에 도움이 되느냐 하는 전체 像을 그릴 수만 있으면 각각의 몸에 맞는 부분을 찾기가 쉬워질지도 모르지요. 그렇게 되면 '만들지 않는 붐'의 위협에 부르르 몸을 떨면서(웃음), 무리하게 만들지 않는 것을 어필하는 따위의 과오를 범할 일은 없어지겠지요. 그 지점의 건전화를 기원합니다.

2012년 3월 19일

이누이 구미코

야마자키 료의 열여섯 번째 답장

2012.3.22

이누이 님께

건축적 사고가 '만들지 않는 것'에
도움이 되려면

아와지시마에서 야마자키입니다. *안도 다다오가 설계한 호텔 회의장에서 커뮤니티 디자인에 관련된 이야기를 하고 왔습니다. 모인 사람들은 이 지방에서 활동하는 NPO나 시민 활동 단체 관계자분들, 행정 하시는 분들, 상점을 경영하는 주인과 특산품 개발 등에 관련된 분들입니다. 제법 재미있는 그림이죠? 아와지시마 규동(일본식 쇠고기덮밥-옮긴이)과 아와지시마 누들 등, 최근에는 아와지시마의 특산품을 활용한 '시민에 의한 상품 개발'이 진행되고 있는 것 같습니다. 아와지 쇠고기, 양파, 간장 등, 아와지시마에서 생산된 것을 잘 조합한 신토불이 특산품 개발에 대해 운송 비용이나 푸드 마일리지, 버추얼 워터(소비재를 생산하는 데 필요한 물의 총량-옮긴이) 수입 등을 의식한 방향성이 설정되었습니다. 말씀하셨듯이 오사카 시와 오사카 부도 재밌는 일을 시작했고, 간사이가 드디어 새로운 시대를 연 것 같습니다. 아누이 씨, 이제 슬슬 오사카로 돌아가셔야 하는 거 아닙니까?(웃음)

'만든다/만들지 않는다'는 논의에 대해서는 최근에 갈 데까지 간 것 같은 느낌입니다. 만드는 이야기만 해대는 곳에서 '만들지 않는 것의 중요함'을 지적하는 사람이 나타나거나, 만들지 않는 이야기만 해대는 곳에서 '만드는 것의 중요함'을 지적하는 사람이 나타나거나 하는 식이라고나 할까

257

---

* **안도 다다오가 설계한 호텔** 2000년 3월에 아와지 꽃박람회 개최에 맞춰 개업한 웨스턴 호텔 아와지. 아와지 유메부타이의 시설 중 하나로, 아와지 유메부타이 국제회의장과 직접 연결되어 있다.

요. 한마디로 과도기지요. 아무리 둘이 균형을 잘 잡는 것처럼 보여도, 지금은 아직 양쪽 모두 '우리가 지향하는 방향성이 부정된 것 같은 기분'이 드는 모양이라, 살짝 감정적인 부분을 포함하는 논의로 빠지는 듯한 느낌이 듭니다. 이누이 씨가 말씀하신 대로 '만들다/만들지 않는다'라는 시스템 자체를 묻는 것이 중요한데, 사실상 아직은 거기까지는 다다르지 못한 거죠.

하지만 결국 모두가 어떤 종류의 가치를 '만드는' 것을 지향하니, 언젠가는 제대로 균형을 찾아낼 것이라고 믿습니다. 어쩌면 '만들다(창조하다)'와 '만들다(주조하다)'와 '만들다(구성하다)'가 모두 똑같이 '만들다'라는 단어로 쓰이기 때문에 '만들다/만들지 않는다'는 논의가 복잡해지는 면도 있는 것 같네요(웃음).

도쿄예술대학 영상 연구과 이야기는 참고가 많이 되었습니다. 실은 저도 똑같은 생각을 하고 있었거든요. 교토조형예술대학에서 학생들을 가르쳐달라는 부탁을 받은 적이 있는데, 4학년 학생을 대상으로 커뮤니티 디자인 세미나를 만들어달라고 하더군요. 하지만 저 자신도 랜드스케이프 디자인이나 건축을 배운 다음에(말하자면 균형 잡는 기둥을 세운 다음) 커뮤니티 디자인을 기획한 경험이 있기 때문에 "무언가 다른 것을 배운 학생이 그에 더해 커뮤니티 디자인을 배우고 싶다고 한다면 좋은 일이지만, 학부생 신분으로 커뮤니티 디자인을 배운다는 것은 어렵지 않을까요" 하고 대답했습니다. 결국 학부생 세미나는 거절하고 대학원생만으로 이루어진 세미나를 열기로 했지요. 학부생 시절에 건축을 배운 학생이나 그래픽 디자인을 배운 학생 등, 균형 잡는 기둥을 세운 사람이 대학원에서 커뮤니티 디자인을 배우게 하는 거죠. 그러는 편이 개념을 이해하기가 좀 더 쉬울 거라고 생각했기 때문입니다. T자형(전문을 하나씩 찾으면서 주변 영역을 얕게 알아두는 방식) 지식이 필요하다는 얘기는 오랜만에 듣네요. 개인적으로는 건축을 깊이 연구한 다음에 커뮤니티 디자인을 심화하면서 관련 영역을 알아두는 Π자형 졸업생이 탄생하면 좋겠다는 욕심을 부려봅니다만(웃음).

커뮤니티 디자인 세미나는 4월부터 대학원생만으로 시작됩니다. 세미나를 듣는 학생은 매년 두 명입니다(웃음). 첫해에는 학부에서 건축을 배운 남녀 학생 두 명이 들어왔습니다. 이미 내년에 입학 희망자 문의가 들어왔는데, 그중에는 복지나 스포츠 계통 등의 학생도 섞여 있어서 재미있어질 것 같습니다. 이누이 씨가 지적한 대로, 젊은이들의 동물적 감感에 대해서도 기대가 크기 때문에, 우리 세미나 학생들을 점차적으로 현장에 투입해볼 예정입니다. 균형 감각을 살리면서도 균형 감각만으로는 제대로 진행되지 않는다는 것을 실감하고, 시행착오 속에서 커뮤니티 디자인 기법을 배우는 게 가장 좋으니까요. 그러기 위해 교토의 대학에도 대학원생실을 준비해놓았고, 미에 현 이가 시에 새롭게 만든 studio-L 사무소에도 책상을 준비했습니다. 이 두 군데를 왔다 갔다 하면서 좌학(앉아서 하는 학문-옮긴이)과 실천을 교대로 체험하게 할 예정입니다. 실무 쪽은 스튜디오 일을 돕는 일이기 때문에 실수는 용납되지 않습니다. 워크숍의 진행 방식이나 퍼실리테이션 방법, 팀 빌딩 실천 등도 경험하게 될 것입니다. 그 속에서 건축이나 그래픽 디자인에 무엇이 가능할지 생각하거나 실천하거나 할 기회를 준비할 생각입니다. 그렇게 하면 '만드는 것'만으로 극복할 수 있는 측면과, '만들지 않는 것'만으로 극복할 수 있는 측면이 무엇인지 깨닫게 되겠죠.

제가 '만드는 것'을 중시하면서 '만들지 않는 것'에 관련된 일을 하고 싶어하는 이유는, 전에도 여러 번 말했지만 나 자신이 '만드는 것'에서 여러 가지 아이디어를 얻었기 때문입니다. 또는 '만드는 것'을 할 때 생각했던 건축적 사고가 '만들지 않는 것'에 엄청난 도움이 되기 때문입니다. 주택을 설계할 때는 아버지, 어머니, 아들, 딸의 의견을 계속 들으면서 비용과 구조, 설비, 법규 등을 감안한 다음에 적절한 해결책을 제시해야 합니다. 서로의 의견이 상반되는 일도 있습니다. 그때는 건축적인 발명이 필요합니다. 그렇기 때문에 계속 반복해서 스터디를 하지만, 그 사이에 다른 건축가가 똑같은 과제에 대해 어떤 답을 내는지 참고할 때도 많습니다. 하지만 참고는 해도 그것을 그대로 흉내 낼 수는 없습니다. 전제조건이 다르니까요. 결과적으로는 자신만의 고유한 대답을 이끌어내는 거죠. 그런 프로세스는 커뮤니티 디자인에서도 굉장히 중요합니다. 상점가 사람, 공무원, 지역주민, 장래의 마을 이용자 등에게 다양한 의견을 듣고, 비용과 조직, 자연환경, 법규 등을 감안하면서 적절한 해결책을 제시해야만 하니까요. 다른 마을에서 기획하는 사례를 참고로 하더라도, 참여자의 연령과 인원수, 성별이 다르고 기후나 특성도 다르기 때문에, 그것을 그대로 가져와 적용해서는 안 됩니다. 결국 그 지역이기 때문에 가능한 커뮤니티 디자인의 방향성을 설정해야 하는 것이지요. 그럴 때 바로 '만드는 것'에 관련하여 수행했던 균형 감각이 대단한 빛을 보게 된답니다.

우리 사무소가 '만들지 않는 것'을 직업으로 삼은 지 6년이 지났습니다. 최근에는 건축 계통 학과 이외의 졸업생이 스태프가 되는 일도 많아졌습니다. 그들에게 결정적으로 모자라는 것은 건축적 사고입니다. 스터디라는 개념도 없습니다. 몇 번씩 되풀이해 검토하는 것을 '쓸데없는 일'이라고 느끼는 사람도 있는 것 같습니다. 이래선 안 된다는 생각에 급히 스태프들과 연수회 합숙을 하기로 했습니다(웃음).

연말 작업이 끝나고 홀가분해지는 5월은 마침 놀러 가기에 좋은 계절이기도 하니, 모든 스태프를 이가 스튜디오에 모이게 해서 2박 3일간 연수를 하려고 합니다. 여기서 자신이 하고 있는 프로젝트에 관련된 프레젠테이션이나 사용하는 워크숍 툴 소개, 한창 붐이 일고 있는 아이스 브레이크(딱딱한 분위기를 깨고 친밀감을 높이는 일-옮긴이) 등, 스태프가 각각 준비한 소재를 발표하고, 덧붙여 건축 디자인 역사, 랜드스케이프 디자인 역사, 도시계획 역사를 대학 시절에 배운 적이 있는 스태프에게 강의를 하게 하려고 합니다.

건축 디자인의 역사에 대해서는 디테일하지 않게 역대 건축가가 모든 조건을 어떻게 통합하면서 극복해왔는가 같은 '건축적 해법'을 축으로 이야기할 예정입니다. 건축학과 출신 스태프는 지금 죽을힘을 다해 준비하고 있습니다(웃음). 하지만 역으로 말하면 그런 연수를 하지 않으면 안 될 정도로 '만드는 것'에서 힌트를 얻으려는 스태프가 적어졌다는 얘기입니다. 한숨이 나오는 사태지요. 우선은 우리 스태프부터 '만드는 것'과 '만들지 않는 것'의 상관성을 건전하게 인지하도록 만들어야 할 것 같습니다.

안도 다다오가 설계한 호텔을 배경으로 한 채 이런 생각들을 하고 있습니다(웃음).

2012년 3월 22일

야마자키 료

추신

이누이 씨가 설계하신 Kyoai Commons(교아이가쿠인 마에바시 국제대학 4호
관)에 가보았습니다. 정면에 있는 현관을 통해 안쪽으로 들어가니, 복도
와 여닫이문을 통과할 때마다 다양한 액티비티와 만날 수 있더군요. 신
선한 체험이었습니다. 가장 안쪽까지 가서 뒤로 돌아보면 지금까지 지나
온 액티비티가 겹쳐 보이는 것도 아주 유쾌했습니다.

천장 높이가 각각 다른 것도, 그 공간을 지나가는 체험을 리드미컬하게
만들어주더군요. 복층으로 되어 있는 곳의 2층 공간은 '노베오카 역도
이런 공간이 되겠구나' 하는 기대감을 부풀리기에 충분했습니다. 마음이
편안해지는 공간이라는 점이 참 좋았습니다. 노베오카에서 이 공간이 실
현된다면, 커뮤니티의 눈들이 반짝반짝 빛날 것이 틀림없군요! 노베오카
프로젝트가 점점 더 재밌어지는데요!

야마자키 료

봄
편
지

디자인의 필연성은 어디에?

이누이 구미코의 열일곱 번째 편지

2012.4.4

야마자키 님께

'그럴 수밖에 없는' 디자인

어제 기간 한정으로 임대할 수 있는 노베오카 역 앞 빈 점포로 시작한 카페 '메르시'에 들렀습니다. 가게 주인인 노자키 씨의 기분이 굉장히 좋아 보이길래, "무슨 일 있어요?" 하고 물어보니 임대 기간을 연장할 수 있게 되었다고 하네요. 메르시는 저에게도 베이스캠프 중 하나였기에 당분간 영업을 계속한다는 뉴스는 무엇보다 반가웠습니다. 계속해서 들어오는 손님들도 모두 하나같이 잘됐다며 기뻐해주더군요. 이처럼 메르시를 중심으로 한 커뮤니티의 확산은 굉장히 강한 힘을 가지고 있습니다. 개방된 분위기와 그곳에서 이루어지는 대화를 듣고 있노라면 노베오카 역의 밝은 미래를 보는 것 같아 굉장히 기분이 좋아진답니다. 올해부터는 시민 워크숍도 실험적으로 빈 점포 등에서 활동하는 단계에 들어간다고 들었는데, 메르시만큼 밝고 편안한 장소가 태어나길 기대해봅니다.

어제 새로운 노베오카 역의 방향성을 시민들에게 알릴 기회가 있었습니다. 역 근처 마을 주민 워크숍에 참여하는 시민, 교통 사업자, 상업 종사자, 주변 지역 주민들이 모였습니다. 야마자키 씨의 조언대로, 의견을 말하러 오지 않는 시민의 의견도 상정하고, 더 나아가 기존 역사驛舍를 재이용하는 것과 그 이외의 경제적인 사정 등까지 고려하면서, 모형 사진처럼 수평으로 펼쳐지는 역 모습을 제안했는데, 일단 많은 분들이 이해해

269

주시는 것 같아서 한시름 놨습니다.

노베오카 역 디자인 프로세스는 기존 이누이 사무소의 방식과는 상당히 다릅니다. 보통 이쪽에서 '제안' 비슷한 것을 많이 하고도 상황을 뛰어넘는 일이 가능하지만, 노베오카의 경우에는 그런 일을 할 여유도 없고, 오로지 받아들이기만 했다는 느낌입니다. 끝없이 제기되는 까다로운 조건을 받아들이기도 하고 바꾸기도 하면서, 필사적으로 어떻게든 한 방향으로 정리한 느낌이랄까요. 커다란 사이즈와 많은 부분을 단층으로 처리한 데서 대담함을 느끼는 분들도 많은 것 같은데, 사실 그 대담함은 제가 '제안'했다기보다는 '노베오카'에서 일어난 일을 순서대로 정리해가다 보니 그럴 수밖에 없었다는 느낌입니다.

건축가에게 크리에이터상像을 기대하는 분은 이런 식의 문장에 거북함을 느낄지도 모르겠습니다만, 정작 제 자신은 '그럴 수밖에 없다'는 점에 오히려 재미나 창조성을 느끼곤 합니다. 뭔가를 정리하는 일일 뿐이고 정리하는 방법도 가능한 한 객관적으로 하고 싶지만, 그 과정에서 미의식도 함께 느낀다는 것이 포인트가 되겠군요. 간접적으로 돌려 말하는 말투 때문에 아저씨같이 느껴진다고요?(웃음). 사실 제가 지금 약간 꼬여 있거든요. 애당초 성격이 좀 어둡다고나 할까요. 쉽게 말하자면 원래는

노베오카 역 주변 모형 사진

방에 틀어박혀 있는 게 편한 성격인 데다 일부러 사람 앞에 나가고 싶다는 생각은 해본 적이 없는데도, 계속 '제안'하는 입장이 되는 바람에 적응하지 못하는 걸 수도 있습니다. 한편 이렇게 빙 돌려 말하는 자세의 이점은 설계나 디자인의 역점을 프로젝트나 장면마다 가변하는 것이 가능하다는 점인데, 지금 노베오카에서는 그 이점을 잘 활용하고 있는 것 같습니다. 그러나 방심은 금물입니다. 까딱하면 단순한 타협의 산물을 낳을 위험이 있으니까요. 그렇게 되지 않도록 가능한 한 먼 앞날의 일을 읽고, 일어날 만한 디자인상像의 '사건'을 상상하거나, 일어나버린 사건을 유연하게 해결해 전체 시나리오 속에 통합하는 것이 매우 중요합니다. 그렇습니다. 이누이 사무소의 이런 설계 태도는 이전의 편지에 쓰신 커뮤니티 디자인의 '시나리오 플래닝'과 비슷할지도 모르겠습니다.

앗! 이렇게 써놓고 보니 이누이 사무소의 방식은, 아닌 게 아니라 시나리오 플래닝 그 자체인 것 같은 느낌마저 드네요! 느낌표까지 붙이면서 갑작스럽게 흥분한 상태를 표현하는 이유는, 이 말이 스태프들에게 최근의 일을 전달하는 데 아주 적절한 단어라는 것을 깨달았기 때문입니다. 몇 년이나 함께 일한 스태프야 당연하다는 듯이 아직 한참 남은 앞날의 일까지 다 파악하지만, 1~2년 차 정도의 스태프가 이런 방식을 이해하기란 쉬운 일이 아닙니다. "그러니까 거기서 그런 안案이 엎어지면 다시 돌아갈 수 없잖아"라든가 "봐, 여러 가지를 적극적으로 생각해두어야 편리하지"같이 구체성이 결여된 말로 아무리 돌려 말해도 전혀 먹히질 않습니다. 왠지 소심한 사장이 머뭇거리면서 무슨 말인지도 모를 말을 주장하는 것(자주 있을 법한 설정이지요)으로 들리면 곤란하잖아요. 그런데 이럴 때 '시나리오 플래닝'이란 적절한 외래어로 설명할 수 있다면, 바로 스태프들이 '흐음, 뭔가 의미 있는 기술인 것 같군' 하고 생각할지도 모르니까요.

이러한 '시나리오 플래닝'은 언어화되어 있지는 않지만, 제 안에서는 상당한 레벨로 체화된 기술입니다. 단, 아오키 준 씨가 저에게 그런 것을 주입한 것이 아니라, 독립한 후 몇 년 동안 계속된 점포 개발을 여러 번 수행하면서 자연스레 몸에 익힌 것입니다. 외국에서 오는 회장이나 사장이 언제 엉뚱한 요구를 할지 모르는 상황에서, 마감 시간은 다가오고 시간은 없다는 딜레마 속에서도 그래도 가장 좋은 것을 만들려면 어떻게 해야 좋을지 진지하게 생각하다 보면, 자연스럽게 '가능한 한 장래에 일어날 법한 일을 상정하고 리스크를 피하는 방법론을 구축하면서 진행하자'는 생각이 솟아나곤 했으니까요. 군사 기술에나 통할 법한 시나리오 플래닝을 스스로에게 주입하다니 저도 참 대단하지 않느냐고 말하고 싶지만, 사실 현실은 그렇게 스마트하지는 않습니다.

실은 그런 방법을 취하지 않는 한, 잠을 잘 수 없고, 그러면 스태프들과 함께 쓰러지고, 사무소가 다시 일어설 수 없게 되는 것이 확실하기 때문에, 살아남기 위해서(웃음) 필사적으로 머리를 쥐어짠 결과랄까요. 이렇게 써놓고 보니, 이 글을 읽고 역시 설계란 참 힘든 일이라고 생각하며 그렇지 않아도 인기가 점점 떨어지고 있는 건축 설계 진학률이나 취직률을 걱정하는 사람이 점점 많아지는 게 아닌지 무서워지네요.

하지만 사실은 이런 것이야말로 일할 때 재미를 느낄 수 있는 부분이기도 합니다. 그렇죠? 야마자키 씨!

2012년 4월 4일

이누이 구미코

야마자키 료의 열일곱 번째 답장

2012.4.9

이누이 님께

'그럴 수밖에 없는' 디자인

오사카에서 야마자키입니다. 오랜만에 오사카 스튜디오에 차분히 앉아 일을 하고 있습니다. 봄이네요. 벚꽃도 제법 많이 피었습니다. 오늘은 일이 끝난 후 스튜디오 사람들과 함께 꽃구경을 나와도 좋을 것 같습니다. 매년 연말이면 너무 바빠 정신이 없지만, 모든 게 끝나면 한숨 돌릴 수 있는 시기가 찾아옵니다. 올해는 관계자분들이 여러모로 애써주신 덕분에 상당히 빠른 시기부터 업무를 발주한 프로젝트가 몇 개나 있지만, 그래봤자 새해가 시작되니 게으름을 피우게 되네요(웃음). 꽃구경도 하고, 식사도 하고, 최근에 알게 된 재밌는 사례를 소개하기도 하고, 앞으로의 스튜디오 일에 대해 이야기를 나누기도 하고, "커뮤니티 디자인이란 게 뭐지?" 하는 이야기도 하면서 이 좋은 계절을 보내고 있답니다.

이누이 사무소의 시나리오 플래닝 이야기, 흥미진진하게 잘 읽었습니다. 말하자면 일부러 시나리오 플래닝을 배워 사무소의 전략으로 취한 것이 아니라, 살아남기 위해 시행착오를 겪다 보니 어쩌다 '시나리오 플래닝' 비슷한 진행 방식이 되어버렸다는 이야기군요. 실은 저희도 마찬가지입니다. 저희의 경우는 더하지요. 애당초 '커뮤니티 디자인'이라는 교과목이 있는 게 아니었기 때문에, 이런 종류의 일을 진행하는 사이에 어떻게 하면 좋을지 생각하면서 시행착오를 반복했습니다. 외국에서 회장님이나 사장님이 오셔서 플랜을 완전히 뒤집어버리는 일은 없었습니다만(웃음), 세 번째까지는 워크숍에 코빼기도 보이지 않았던 지역 유지가 네 번째 회의에 나타나서는 "처음부터 다시" 하는 경우가 있었거든요. 그런 식의 리스크를 포함하면서 무슨 일이 일어나도 차선책을 마련할 수 있도록 철저히 준비해두었더니, 어느 날 그것이 '시나리오 플래닝'이라는 방법과 비슷하다는 사실을 알게 된 거죠. 그렇습니다. 저희도 '살아남기 위한 시나리오 플래닝'을 실천하고 있는 셈입니다.

'살아남기 위해서'라고 말하니, 1971년에 쓰인 *빅터 파파넥의 *《살아남기 위한 디자인》이 생각나는군요. 디자인을 단순히 상품을 팔기 위한 수단으로 생각하지 않고, 사회적인 과제를 해결하기 위한 것으로 생각하기를 제안한 책이지요. 40년 전에 출간한 책이지만 그 당시 파파넥이 지적한 것들은 지금도 극복하지 못한 것 같습니다.

환경문제를 해결하기 위해 디자인이 무엇을 할 수 있을까, 전쟁을 멈추기 위해 디자인은 무엇을 할 수 있을까, 한계 집락(인구 중 50퍼센트 이상이 65세 이상인 집락-옮긴이)을 위해 디자인이 무엇을 할 수 있을까, 자살 문제에 대해 디자인은 무엇을 할 수 있을까? 이런 것에 천착하는 디자이너는 아직도 많지 않습니다. 반면 잘 팔리는 상품을 위해 디자인은 무엇을 할 수

276

* **《살아남기 위한 디자인》**
(빅터 파파넥 지음, 아베 기미마사 옮김, 쇼분샤, 1974)

* **빅터 파파넥(1923~1998)** 오스트리아 출신 디자이너, 교육자. 모던 에코 디자인의 아버지라 불리며, 저서로 《살아남기 위한 디자인》(1971), 《인간을 위한 디자인》(1983) 등이 있다.

있을까를 생각하는 디자이너가 이렇게나 많은 것을 보면, 거기에서 배양된 지식을 응용해 사회적인 과제로 다시 꾸리는 사람이 나타날 법도 한데 말이지요.

그런 생각을 담아 작년까지 가고시마건설 광고지에 세계 소셜 디자인을 소개하는 *'SAFE+SAVE'라는 연재를 담당했습니다. 난민 캠프 디자인, 우물 디자인, 학교 디자인, 암센터 디자인, 농장 디자인 등, 전 세계에서 기획되고 있는 '사회적인 과제를 극복하기' 위한 디자인'을 소개하는 코너였죠. 이런 디자인을 보고 있으면, '쓸데없는 거 다 필요 없고 이 정도면 됐어' 하는 식의 군더더기 없는 참신한 디자인이 많다는 것을 깨닫게 됩니다. 한정된 예산과 재료를 이용해 항상 원하는 것을 최대한으로 달성할 수 있는 디자인을 제안해야 하는 환경에 놓이게 되니까요. 그런 상황에서는 디자인의 개성을 무리하게 밀어붙일 수 있는 여유 자체가 없습니다. 눈앞에는 당장 곤란한 환경에 놓인 사람이 있고, 그 사람들이 원하는 것은 항상 명쾌하거든요. 그것들을 하나하나 이해해가면서 디자인적으로 해결해가는 수밖에 다른 방도가 없습니다. 그런 의미에서 노베오카에서 이누이 씨가 진행한 디자인 프로세스는 이누이 사무소로서는 특수한 진행 방식이었다고 표현하셨지만, 굉장히 진지한 방식이 아니었

* SAFE+SAVE
'SAFE+SAVE'라는 연재連載를 묶어놓은 이 서적은
《소셜 디자인 아틀라스》
(야마자키 료 지음, 가지마출판사, 2012)로 출판되었다.

나 생각합니다. 이누이 씨가 '오로지 받아들이기만 하는 기분이었다'라
고 표현하신 디자인 프로세스는 '노베오카에서 일어나는 일들을 순차적
으로 정리하다 보면 그렇게 될 수밖에 없는' 생생한 디자인으로 태어난
셈이죠.

저는 '받아들이는 것'도 창조적인 행위라고 생각합니다. 커뮤니티 디자인
처럼 다른 사람들의 말을 들으면서 하는 일도, 함께 하다 보면, 단순히
듣기만 하는 스태프와 들으면서 창조적으로 아이디어를 내는 스태프로
나뉩니다. 말하자면 '소극적으로 듣는 사람'과 '적극적으로 듣는 사람'으
로 갈리죠. 퍼실리테이션이라는 기술은 바로 적극적으로 다른 사람의 이
야기를 듣는 행위라고 생각합니다. 받아들이는 경우에도 다양한 방법론
이 존재하니까요. 그런 과정 중에 '그렇게 될 수밖에 없는' 디자인 프로세
스가 생기는 법인데, 저는 바로 그 지점에 크리에이티비티가 상당히 많이
포함된다고 생각합니다. 게다가 그것은 창조성을 초월한 크리에이티비티
입니다.

이누이 씨가 제안하신 노베오카 역사驛舍를 보니 *라카통&바살 집합주
택이 생각나더군요. 프티 모로코와 라 시네로 시도했던 증축 프로젝트
가 부아르 프레트르 집합주택으로 현실화된 것이지요. 기존의 역사에

278

* **라카통&바살** 안 라카통(1955~)과 장 필리프 바살(1954~)이 이끄는 프랑스 건축가 유닛.

'부아르 프레트르' 공사 중
(촬영 : Frederic Druot)

'부아르 프레트르' 외관
(촬영 : Frederic Druot)

'부아르 프레트르' 인테리어
(촬영 : Frederic Druot)

새로운 공간을 덧붙이듯이, 기존의 고층 주택에 새로운 공간을 붙여 넣었습니다. 게다가 그 프로세스는 주민 참여 워크숍을 반복해 전체 계획과 각각의 방 계획을 몇 번이고 들락날락하면서 검토하는 방식으로 이루어졌죠. 워크숍에서 이사하고 싶지 않다는 의견이 나오면, 주민이 계속 살면서 개조 공사를 할 수 있도록 결정하는 식이었습니다. 새로운 공간을 붙여 넣는 것만이 아니라 주민과 관계자의 의견을 받아들이고 반영하면서 '그렇게 될 수밖에 없는' 레노베이션이 되었다는 점에서 노베오카 역사 디자인과 비슷하다는 생각을 했습니다. 라카통&바살의 디자인은 그 밖에도 기존 공간이나 자연을 되도록 살리고 적은 예산으로 최대 공간을 만들어내려고 노력합니다. 이 태도가 굉장히 맘에 듭니다. 또 그러한 점들은 바살이 건축가로서의 경력을 아프리카 니제르에서 시작했다는 것과도 무관하지 않다고 생각합니다. 건축가로서 최초의 6년간을 '살아남기 위한 디자인'을 실천한 경험이 그 후 그들의 설계 스타일을 결정하지 않았을까, 하는 거죠.

'사회를 위한 디자인'이나 '살아남기 위한 디자인', '소셜 디자인' 같은 말을 하면, '그건 분명 중요한 일일지는 모르겠지만, 내가 하고 싶은 디자인과는 달라' 하는 반응이 돌아오는 일이 많습니다. 하지만 지금 건축계에서 요구되는 것은 바로 라카통&바살 같은 방식이라는 생각을 하게 됩니다. 많은 디자이너들에게 파파넥의 책은 과거의 것이라는 인상이 강하지만, 우리가 '살아남기 위한 디자인'에서 배울 것들은 아직도 무궁무진합니다. 또 사람들의 다양한 의견을 받아들여 한정된 예산과 재료로 해결책을 제안하는 일에는 철야도 불사하는 각오가 필요합니다. 하지만 그런 시행착오를 거치는 것이야말로 바로 디자인이라는 일의 재미가 아닐까요? 그렇죠? 이누이 씨!

2012년 4월 9일

야마자키 료

이누이 구미코의 열여덟 번째 편지

2012.4.18

야마자키 님께

라카통&바살의 건축

마치 야마자키 코스튬 플레이를 하듯이, 이동 중인 신칸센에서 키보드를 두드리고 있답니다. 센다이에 다녀왔습니다. JIA(일본건축협회) 회합에서 강의를 해야 해서, 무사히 수행하고 돌아오는 길입니다.

저는 강의를 할 때 가능한 한 논리적으로, 말하자면 이미지라든가 인상이라든가 하는 애매한 단어를 사용하지 않으려고 노력합니다. 오사카 출신이라 그럴까요? 애당초 사람들 앞에 나서는 것도 서투르고 말도 제대로 못하는 주제에, "강의, 정말 재밌었어"라는 한마디를 듣고 싶은 마음이 너무나 간절한 거죠(웃음). 그런 것도 포함해서 진지하게 얘기하다 보면, 내 자신이 청중이라면 어떤 이야기가 듣고 싶을까 생각하게 되고, 그러다 보면 뭔가를 깨닫게 하는 내용이 좋지 않을까 하는 생각에 이릅니다. 하지만 그런 이야기도 모두 과거의 이야기일 뿐. 사실 최근에는 강의가 매끄럽지 않아 고전하는 중입니다. 사실 한 시간 반 정도를 떠들기 위해서는 적어도 다섯 개 이상의 프로젝트가 필요한데, 이 다섯 개 프로젝트를 준비하려고 하면 각자 다 따로따로 놀아버리더라고요. 주택으로 정리하려 해도 다섯 개를 모을 수 없고, 노베오카처럼 마을 만들기에 관련된 것으로 정리하려고 해도 노베오카 하나뿐이죠. 공공시설도 겨우 요전에 딱 하나를 했을 뿐이라 모으기가 힘든 실정입니다.

어쩔 수 없이 여기저기서 긁어모은 프로젝트를 일관성 없이 묶어놓고는 "죄송합니다. 같은 종류로 묶을 수가 없네요" 하고 창피해하면서 이야기 하는 수밖에 달리 선택이 없더군요. 웃을 수 있는 지점을 만들려는(사실 저는 역시 어울리지 않게 이런 것도 노리고 있습니다ㆍ웃음) 여유도 없이, 횡설수설 하면서 방향성도 전혀 다른 프로젝트의 관련성을 어떻게든 전달하려고 필사적으로 떠드는 거죠. 다행스러운 건(?) 듣는 사람도 그렇게까지 일 관성을 찾는 것 같지는 않다는 점입니다. 강의 후 친목회 같은 자리에서 도 "나는 이 프로젝트가 좋아~", "아니야, 난 저거" 하는 식으로 각자 자 신이 좋아하는 프로젝트를 발견하고 머릿속에서 재미있다는 듯이 반추 하는 게 전부더군요. 그 모습을 보면서 '나 혼자서만 지나치게 신경 쓰 고 있나, 이제부터는 신경 안 써도 되나' 하는 생각을 하기도 합니다.

사설이 지나치게 길었네요. 이제 라카통&바살로 넘어가죠. 그들은 저 에게도 존경의 대상입니다. 그들이 훌륭한 건, 소셜 디자인적인 시점에서 도 말할 수 있고, 동시에 건축론이나 의장론적으로도 참신함이 있는, 넓 은 포용력이라고 생각합니다. 저같이 의장에 특히 흥미가 있는 인간은 우선은 *팔레 드 도쿄에 충격을 받습니다. 아무것도 디자인하지 않았는 데도, 그리고 건설은커녕 파괴밖에 하지 않은 게 틀림없는데도, 거기에서

284

* **팔레 드 도쿄** 파리 16구에 있는 현대 아트 센 터. 1937년 만국박람회 때의 일본관을 라카통& 바살의 설계로 개조해 2002년에 개관했다. 그 후 확장 공사를 거쳐 2012년에 리뉴얼 오픈했다.
(촬영 : Phillippe Ruault)

태어나는 공간이 왠지 안락하다는 놀라운 사실! 폐허를 이용한 건축 디자인은 폐허라는 존재의 비일상성이나 타자성을 기반으로 한 차갑고 엄격한 공간을 지향하기 쉬운데, 라카통 씨 일행(이라고 제멋대로 부르고 있네요)은 전혀 다릅니다.

"폐허의 의미 같은 건 아무래도 좋아. 폐허 같은 장소도 사람이 있을 수 있는 장소로 태어났으면 좋겠어" 하고 말하는 것 같은 단순하면서도 순수한 마음을 엿볼 수 있거든요. 그들의 작품에 흐르는 분위기는 개축이나 증축을 할 때도 그렇고, 심지어 신축할 때마저도 언제나 똑같습니다. 변함없이 밝고 대범하면서도 편안한 공간이 펼쳐지거든요. 그것만으로도 저는 언제나 놀라움과 동경을 함께 느끼게 됩니다.

그들의 태도는 굳이 말하자면 현실주의라고 볼 수 있습니다. 야마자키 씨가 마음에 들어 하시는 부아르 프레트르도 그런 좋은 예지요. 단지 현실주의라는 언어는 일반적으로는 조금 부정적인 의미로 많이 사용되기 때문에, 그런 면에서 그들의 방향성에 딱 들어맞는다고 보기엔 무리가 있을 것 같습니다. 또 그들은 현실적인 것밖에는 하지 않지만, 결과적으로는 희한하게도 이상적인 공간이나 상태가 탄생하는, 결국 현실/이상이라는 대립을 지양止揚한다는 점에서 특히 매력적입니다. 어떻게 그런 마법 같은 일이 일어날까요? 저는 아직 그 수수께끼를 100퍼센트 풀지 못했지만, 그들이 공간에 대한 인간의 욕구나 욕망이 의외로 가까운 곳에 있다는 사실을 알아낸 게 아닐까 하는 것이, 제가 지금 세울 수 있는 가설입니다. 공간의 다양성을 갖춘 집은 편리하고 재미있다든가, 크고 러프한 공간은 개방적이어서 기분이 좋다든가, 조금만 생각해보면 당연하지만 너무 당연해서 잊고 있는 것들에 눈길을 돌린 거죠. 게다가 당연하지만, 본연의 모습으로 되돌리는 것뿐이기 때문에 비용도 들지 않고 오히려 현실적으로 접근하는 데 유리해집니다. 그리하여 현실/이상이라는 상반되어 보이는 사물은 행복한 융합을 수행하는 것이 가능해지는 거지요.

하지만 이렇게 생각하다 보니 그런 시선을 획득하는 것이 가능한지에 다시 신경이 쓰이네요. 배경이 다른 두 명이 공동 작업하는 것이기 때문에 오히려 공간이나 건축 경험의 평가 기준이 다양하고 풍부해질 가능성은 있겠지요. 그리고 야마자키 씨가 지적한 것처럼 '살아남기 위한 디자인'의 실천을 초기 단계에서 경험한 것도 큰 영향을 주었으리라 생각합니다. '만드는' 것이 거의 불가능한 악조건 속에서 그래도 보다 좋은 장소나 공간을 획득하려면 어떻게 해야 좋을지 진지하게 생각하다 보니, '만들지 않아도 상관없다, 단순히 좋은 장소를 발견하는 것만으로도 좋지 않을까' 하는 결론에 다다랐을지도 모르겠습니다.

아아, 그렇구나! 이제 이해가 갑니다. 결국 그들에게 만드는 것은 2차적인 문제였던 거군요. 단순히 그것뿐인 걸지도 모르겠습니다. 그리고 결과론에 불과할지 모르겠지만, 만드는 것을 후퇴시킴으로써 반대로 참신도를 높이는 것이 가능하다는 사실을 알게 되었다는 점이 그들의 최대 무기이자 매력인 거죠. 흐음, 역시 대단한 사람들이었어!

2012년 4월 18일

이누이 구미코

야마자키 료의 열여덟 번째 답장

────────────────

2012.4.21

이누이 님께

────────────────

라카통&바살의 건축

저도 신칸센입니다. 오사카에서 도쿄로 이동하면서 편지를 쓰고 있습니다. 오늘은 아오야마 북센터에서 *《만드는 것, 만들지 않는 것》이란 책에 대한 정담을 나눌 예정입니다. 함께 책을 만든 랜드스케이프 디자이너인 *하세가와 히로키 씨와 책 속에서 인터뷰해주신 건축가 *바바 마사타카 씨와 저, 이렇게 셋이 이야기합니다.

오늘은 세 명이니까 편하게 이야기하지만, 저도 혼자 강의를 할 때는 여러 가지를 생각합니다. 최근에는 '강의를 만담처럼 할 수 있으면 좋으련만' 하는 생각도 했습니다. 결국 같은 이야기를 해야 하는 거니까요. 프로젝트는 연간 20개 정도밖에 안 되는데 강의는 연간 100회 남짓 하게 됩니다. 이런 상황이니 매년 새로운 프로젝트를 소개하는 것이 불가능해져서 같은 프로젝트에 대해 몇 번이나 이야기하는 사태가 발생합니다. 그러다 보니 혹시라도 강의를 들으러 오는 사람이 '아아, 또 노베오카 얘기야?' 하는 생각을 할까 봐 걱정이 되더군요. 그런데 잘 생각해보면 만담이란 똑같은 소재를 가지고 이야기하는 거잖아요. 그래도 청중은 만족합니다. 그 얘기가 '무서운 만두', '마룻바닥 밑' 등 자주 듣는 소재에 대한 거라면 몇십 번이나 듣게 되지요. 그래도 청중은 흥미 깊게 들어주고, 또 웃어줍니다. 제 강의도 '또 노베오카 얘기야?'가 아니라, '나왔다,

* 《만드는 것, 만들지 않는 것》
(야마자키 료, 하세가와 히로키 편저, 가쿠게이출판사, 2012)
* 하세가와 히로키(1958~) 랜드스케이프 아키텍트. 작품으로 다다라 누마 공원의 '다테바야시미술관'(2002), '마루노우치 오아조'(2004), '시노노메 CODAN'(2004), '호시노야 가루이자와'(2005), '하루니레 테라스'(2009) 등이 있다.
* 바바 마사타카(1968~) 건축가. 도시의 공터를 발견하는 사이트 '도쿄R 부동산'을 운영하고 있다. 저서로 《도시를 레노베이션》(2011) 등이 있다.

노베오카! 오늘은 어떤 노베오카 얘길까?' 하고 기대하면서 들어주면 얼마나 기쁠까, 이런 생각을 해봤답니다(웃음). 그래서 요즘은 어떻게 하면 만담처럼 강의할 수 있는지 연구하고 있습니다. 하지만 그게 좀처럼 잘되지 않네요. 언젠가는 똑같은 소재라도 참신하게 얘기할 수 있는 경지에 올랐으면 좋겠습니다. 흐음. 점점 뭐가 뭔지 모르게 되고 있습니다(웃음).

라카통&바살의 일에 대한 해석, 즐겁게 고개를 끄덕이며 읽었습니다. 제 느낌도 똑같습니다. 그들은 문제에 대한 답을 '만드는 것'에서부터 '만들지 않는 것'까지 굉장히 넓은 범위에서 생각하고 있습니다. '건축가니까 만드는 것을 생각해야만 한다'는 틀은 없습니다. 부탁받은 것에 대해 가장 적절한 풀이나 방법을 생각하는 데서부터 시작해 필요하다면 만들지만, 필요하지 않으면 만들지 않고 다른 제안을 합니다. 그 폭이 굉장히 넓기 때문에 신뢰를 얻을 수 있는 게 아닌가 싶습니다. 그들은 공원 레노베이션을 부탁받아 현지를 조사하다가 인근 주민이 청소하거나 활용만 잘한다면 충분히 사랑받을 수 있는 공원이라는 사실을 깨닫고는, 레노베이션은 하지 않고 청소 횟수를 늘리라고 제안한 적도 있다고 합니다. 이런 생각을 하는 건축가가 있다는 사실이 놀라울 뿐입니다.

저는 이미 만드는 일은 거의 하지 않지만, 그렇다고 해서 만들지 않는 일만 하겠다고 결정한 것은 아닙니다. '만드는 것'부터 '만들지 않는 것'까지 그러데이션처럼 파악하려고 노력하고 있습니다. 그래서 공간을 만드는 것 외에는 다른 해결 방법이 없는 문제가 생길 때는 공간을 설계합니다. 직접 하지 않으면 건축가에게 부탁해 설계를 합니다. 프로덕트를 만드는 것으로 해결할 수 있는 과제에 직면했을 때는 프로덕트를 디자인합니다. 나아가서 그것을 실제로 제작할 수 있는 장소를 만들기도 합니다. 일본의 삼나무나 편백나무 숲 문제에 대한 해결책을 제시하려면 커뮤니티 디자인도 필요하지만 가구 디자인도 필요할 테니까요. 따라서 침엽수라는 부드러운 목재를 사용한 가구의 존재 방식을 보여주는 것이 필요하다는 생각에 가구를 디자인하거나 제재소를 가구 공방으로 레노베이션하는 일을 하기도 합니다. 지금은 그 제재소로 studio-L의 기능을 반 정도 옮겨 새로운 사무소로 두고 있을 정도입니다. 이 제재소 스튜디오는 다음 달 오픈할 예정입니다.

저는 '만드는 것'과 '만들지 않는 것' 사이를 왔다 갔다 하면서 생각하는 것이 가능해지면서, 단숨에 시야가 열리는 듯한 경험을 했습니다. 예전에는 의뢰를 받으면 어떻게든 설계 안건으로 이끌어야 일이 된다고 생각했고, 그 결과 유도적이 되어버려 결국 자신이 만들고 싶은 쪽으로 이야기를 왜곡하는 느낌마저 들었습니다. 하지만 '만드는 것도 되고 만들지 않는 것도 다 된다, 어느 쪽이든 상관없다' 하고 생각하니, 고객의 요청에 더 솔직하게 귀를 기울일 수 있게 되더군요. 동시에 만드는 것에 대한 발상이 상당히 유연해졌습니다. 모든 것을 '만드는 것'으로 해결하지 않아도 된다는 편안함 때문일까요? 결과적으로 만드는 방법이 바뀐 셈입니다.

'만드는 것'과 '만들지 않는 것'의 균형을 생각하면 공간을 만드는 방식이 상당히 많이 변합니다. 라카통&바살이 관련된 건축 공간도 그렇게까지 깨끗하게 여러 가지 요소를 줄여버릴 수 있는 배경에는 소프트웨어 부분을 부담할 각오가 된 사람들이 있기 때문일 겁니다. 그들은 맨션 주민일 수도 있고 미술관 상근 직원일 수도 있습니다. 아무튼 소프트웨어나 하드웨어가 적절히 조합되어야만 비로소 그 공간이 성립되는 것이니까요. 역으로 말하면 소프트웨어와 하드웨어의 상관성을 전혀 고려하지 않은 채 그 공간을 제시한다면, 그것을 갑자기 그렇게 능숙하게 사용할 수 있는 사람은 그다지 많지 않을 거라는 얘기도 됩니다.

노베오카에서 이누이 씨가 커다란 유리 면을 제시했을 때, 유리 청소는 어떻게 하느냐는 의문을 제기하리라는 사실은 처음부터 예상했던 바입니다. 하지만 우리는 '유리창 닦기 대회를 개최해서 어느 커뮤니티가 가장 빨리, 그리고 가장 깨끗하게 유리창을 닦았느냐를 경쟁하면 된다'는 기상천외한 이야기가 나올 줄은 꿈에도 몰랐지요(웃음). 하드웨어와 소프트웨어를 동시에 만들면 이런 일이 자주 일어납니다. 우리에게 무엇이 가능한가 하는 것과 공간을 어떻게 사용하면 좋은가를, 이용자와 관리자가 하나가 되어 생각하게 되니까요. 그 의견을 받아들인 설계자는 한 차원 높은 공간 형태에 도전할 수 있습니다. 그러면 공간에 대한 적극적인 피드백이 생겨나겠죠. 라카통&바살이 설계 중에 주민과 워크숍을 여러 번 반복하는 일이 많은 것도 충분히 수긍이 갑니다.

건축 설계는 주택 레벨에서는 완전한 주민 참여가 이루어지지만(주민=건물주니까요), 집합주택, 공공 건축처럼 스케일이 커지면 주민의 의견이 거의 들리지 않게 됩니다. 그 때문에 주민의 의견을 묻는 대신 어디에서 설계 근거를 찾아낼지 생각해, 지역성이나 철학 개념 혹은 미학성의 법칙을 채용해 형태를 결정하곤 하죠. 그것도 그리 나쁘지는 않습니다만, 장래에 그 장소를 사용할 사람들과 이야기를 하면서 형태를 결정하는 것이 가능하다면 그 방식이 더 바람직합니다. 그런 과정을 통해 사람들의 의식을 바꾸는 것도 가능해지고, 그 사람들의 힘을 빌리면서 대담한 공간 만들기에 도전하는 것도 가능해지기 때문이지요. 이를 통해 쌍방에 조금씩 변화가 생기는 느낌을 경험할 수 있습니다. 초창기 편지에 등장한 '남자 중학생 같은 건축가상象'이라는 이야기에 빗대어 말해보면, 사실 큰맘 먹고 여자아이와 이야기하다 보면, 여자의 말을 들어주는 정도가 아니라, 여자의 마음을 변하게 할 수도 있는 것입니다(웃음). 여자가 무엇을 바라는지 알고 자신의 모습을 바꾸고 자신의 의사를 여자에게 알려준다면 여자의 마음도 조금씩 변할 것입니다. 주민과 설계자의 관계도 마찬가지입니다.

그런 의미에서 마을 주민에게 '워크숍을 할 테니 참가하지 않을래요?' 하고 주민을 불러내는 안내문은 '마을로 보내는 러브 레터'라고 말할 수 있을지도 모르겠습니다. 이것은 커뮤니티 디자이너와 건축가가 마을 사람들과 접촉하는 최초의 계기가 됩니다. 이 러브 레터에 반응해 대화의 장에 나온 사람들은 다양한 의견을 내놓는 동시에, 자신들의 의식도 조금씩 변화시켜가겠죠. 그런 '데이트'를 몇 번이고 반복하는 사이에 함께 뭔가를 하고 싶다는 생각이 들 것입니다. 사랑스러운 마을을 만들기 위해서는 그런 프로세스가 중요하지 않을까 싶습니다. 시간을 들일 필요가 있습니다. 갑자기 팔짱을 끼고 친한 척하려는 거친 방식으로는 상대를 설득할 수 없습니다. 만일 그럴 수 있는 사람이 있다면 상당히 특별한 디자이너겠죠(웃음).

그런 것을 생각하면서 아오야마 북센터에서 '만드는 것, 만들지 않는 것'에 대해 이야기하고 있습니다.

2012년 4월 21일

야마자키 료

이누이 구미코의 열아홉 번째 편지

2012.5.7

야마자키 님께

'만드는 것' 안에 있는 그러데이션

요전에 통나무를 채벌하는 현장에 입회할 기회가 있었습니다. 이토 도요 씨가 제창한 '모든 사람의 집'을 짓는 일을, 지금 리쿠젠타카타에서 후지모토 소우, 히라타 아키히사와 함께(이렇게 엄청나게 기가 센 사람들과 협업이라는 형태로!) 하게 되었거든요. 이 집 구조를 책임지는 기둥으로 쓰나미에 침수되어 죽어버린 이 지역의 나무를 사용하는 형태로 기획되었기 때문입니다. 리쿠젠타카타 시와 우리들 건축가 팀을 연결해준 사람은 리쿠젠타카타 출신의 사진가 하타케야마 나오야 씨입니다.

통나무 채벌은 박력 만점이었습니다. 우선 나무가 쓰러지는 쪽에 체인톱으로 V자형 칼집을 넣고, 그다음에 반대쪽에서 체인톱으로 약간 자른 다음, 거기에 쐐기를 박아 넣고 자동으로 쓰러질 때까지 쐐기를 계속 박아 넣는데, 우뚝 서 있는 나무가 균형을 잃는 순간 저도 모르게 침을 꿀꺽 삼키고 말았답니다. 조금 전까지는 살아서(정확히 말하자면 선 채 말라 죽어 있었습니다만) 풍경의 일부를 구성하고 있었던 것이, 순식간에 통나무가 되는 목재로 변화하는 순간이니, 그 작업 자체에 죽고 사는 일이 지니는 장엄함 같은 것이 존재했기 때문입니다.

하지만 그런 장엄함을 제대로 느낄 사이도 없이 바로, 눈앞에는 구마 고로 씨라는 장인匠人이 엄청난 속도로 성큼성큼 나무를 후려쳐 베어 넘기고 있었습니다. 잠시 후 구마 고로 씨의 손이 멈추는가 싶더니 이번에는 입이 움직이며 너스레를 연발했습니다. 라틴계의 밝은 성격을 온몸으로 발산하는 분이었기에 '살생 운운' 같은 민감한 말은 할 수 없는 분위기였습니다. 그 상황에 어안이 벙벙해져서 그냥 서 있을 수밖에 없었습니다. 하지만 도중에 채벌이 건설의 시작이며 기쁜 행사의 일부라는 것을 깨닫고, 장인들의 밝은 몸짓의 의미를 이해했습니다.

그렇습니다. 건설은 어떤 의미로는 축제일지도 모르겠습니다. 아무것도 없던 장소에 무언가를 만들어내는 일이고, 그러기 위해 고생만 하는 게 아니라 다양한 축복이 필요한 행사이기도 하니까요. 게다가 장소도 쓰나미에 심각한 피해를 입은 리쿠젠타카타. 여기에서는 공업화된 경량 철골 응급 가설이 아닌, 현지의 나무들을 사용해 무엇인가를 짓고 있습니다. 그 때문에 이 작업에 대한 장인들의 기대가 보통 이상이리라는 것은 어렵지 않게 상상할 수 있습니다. 건설이 본래 가지고 있는 축제성과 그것을 축복하는 문화의 존재에 좀 더 민감해질 필요가 있지 않을까, 반성했답니다.

현지에서 구마 고로 씨의 밝은 분위기에 놀란 것은 아직 새 발의 피에 불과했습니다. 방문할 때마다 새로운 사건이 일어났으니까요. 지역 리더와 같은 존재로 캐릭터가 매우 강한 스가와라 미키코 씨라는 여성분을 만난 것이 그 시작이었습니다. 우선 그녀가 가건물에서 함께 사는 친구와 생각해낸, 내근 작업 장소나 지역의 중학교 친구들이 모이는 장소를 만들고 싶다는 기획이, 우리가 제안하려고 했던 '모든 사람의 집' 기능과 완벽하게 일치한다는 사실에 굉장히 놀랐습니다. 또 스가와라 씨가 '모든 사람의 집'에 어울리는 장소로 새롭게 발견한 장소가 리쿠젠타카타 곳곳에서 내려다볼 수 있는 요충지에 위치한 덕에 지정학적인 센스로 넘친다는 점에 다시 한 번 놀랐고, 바닷물의 염분 때문에 말라죽은 나무들이 있다는 것을 듣고 만든 제안 모형이 이 지역의 '겐카 다나바타(7월 7일 칠석 축제 중 하나-옮긴이)'라는 축제의 망루와 비슷하다는 말을 하타케야마 씨에게 듣고는 분위기가 후끈 달아오르는 등 생각지도 못한 여러 가지 일이 우리를 기다리고 있었습니다. 갈 때마다 어찌나 많은 일이 일어나는지, 운명론을 이야기하기 시작한 후배도 있을 정도였다니까요(웃음).

워낙 많은 것을 잃어버린 곳에서 작업을 했기 때문일까요. 여기서 보고 듣는 것 모두가 하나하나 굉장히 소중한 얘기들뿐이었습니다. 평소 같으면 '시나리오 플래닝'처럼 주도적인 진행 방식으로 전체를 컨트롤했을 법한 부분에서도, 이곳에서는 자신이 하고 싶은 것 따위는 어떻게 되어도 상관없다는 기분이 됩니다. 그 대신 만나는 사건이나 요건을 가능한 한 많이 받아들여 '모든 사람의 집'의 일부가 되도록 설계를 진행하는 노력을 기울이고 있습니다. 디자인을 해본 사람이라면 그 어려움을 잘 알 거라고 생각합니다. 이런 방법은 한번 발을 잘못 디디면 타협의 산물로 발전할 수 있기 때문에, 우리 건축가 세 명은 어떻게든 잘 진행해 다양한 것들이 각자의 정체성을 가지고 모이는 것만으로 '어떻게든 정리된 느낌' 이 되도록 밸런스를 맞추려고 노력하고 있습니다. "어떻게?"라고 묻는다면 대답하기가 참 곤란한데, "형태의 힘을 이용해서"라고밖에 대답할 수가 없겠네요. 먼저 '이런 의미로 정리하고 싶다'는 마음으로 형태를 짜내기보다는, 형태가 자연스럽게 완성되어간다는 의미에서 '귀납적'인 의미를 찾아내려고 노력하고 있습니다.

방금 '귀납적으로'란 말을 했지만, 사실 일반적인 프로젝트에서는 일이 좀처럼 그런 식으로 진행되지는 않습니다. 일반적인 건축 프로젝트에서는 추진력으로서의 가설이 필요하거든요. '이런 식으로 플래닝하면 이런 멋진 건축이 된다'라는 가설이 얼마나 그럴듯한지에 따라 미래의 효과에 대한 계약이 체결되는 법이니까요. "어떤 건축이 될지는 알 수 없지만 만들어도 되겠습니까?" 하는 설명을 듣고 계약서에 사인을 해줄 엉성한 사람은 한 명도 없습니다. 하지만 일단 '계약'을 하고 나면 갑자기 설계에서 해방되는 건 또 어떻게 설명해야 할까요? 그 부분을 리쿠젠타카타에서 시험해보려는 것이 본 계획을 기획한 이토 씨와 하타케야마 씨의 생각인 듯합니다.

'모든 사람의 집'은 앞에서 언급한 스가와라 씨 등과 이야기를 나누면서 설계를 진행하고, 이토 씨와 하타케야마 씨가 모아준 기부금으로 건설한 후 사찰에 봉납할 예정입니다. 결국 일반적인 '집주인×설계사', '집주인×토목 건축 사무소'라는 계약 관계가 아니라, 말하자면 교환경제가 아닌 증여경제 비슷한 것을 전제로 하는 거죠. 맞습니다. 이것은 나카자와 신이치 씨와 우치다 다쓰루 씨가 최근에 자주 묘사하는 세계입니다. 몰랐던 건 아니지만 이제까지 항상 교환경제의 엄격함 속에서 제 살을 깎아먹으면서 실무에 종사하는 것이 당연했던 탓인지, 지금 제가 관여하는 '모든 사람의 집'이 '증여'를 체험하도록 한다는 사실에 대해 좀처럼 리얼리티가 생기지 않더군요.

이토 씨는 프로젝트 초창기 단계에서부터 그것을 상당히 강조하는 편이어서 우리 젊은이 세 명에게 그것을 확인받을 때가 종종 있었는데, 최근에 드디어 젊은 층에서도 그 리얼리티를 느낄 수 있게 되었습니다. 계약이 전제가 됨으로써 콘셉트나 아이디어를 제안해야 한다는 생각에서 해방되었기 때문입니다. 최근 후지모토 씨가 그런 경지에 다다른 듯 "나는 드디어 해탈했다!"라면서 소란을 피웠습니다(웃음). 이런 식으로 글을 쓰면 정신론이라고 오해받을 것 같기도 하지만, 좀처럼 이 경지(쯧쯧, 역시 또 이런 단어를 쓰고 말았네요)를 설명할 단어는 발견할 수가 없네요.

'모든 사람의 집'이 어떤 상태로 '완성'할 것인가에 대해서는 아직 정해진 바가 없습니다. 미완성된 부분을 남겨둔 상태에서 사용할지도 모르고, 사용한 후에도 우리가 계속 관여하면서 같이 만들어갈 수도 있습니다. 실은 스가와라 씨 일행 등의 사용자가 인도 후에 점차 개조와 증축을 하고, 점점 주문 제작하는 것을 이미 기대하고 있는 듯하기도 합니다. 어쩌면 설계자로서는 무책임한 걸지도 모르겠네요. 하지만 그런 어중간한 태도가 용서되는 것도 '모든 사람의 집'을 증여하는 것이 전제되기 때문이겠지요. 아무튼 건축 전문가가 책임을 지고 설계나 시공을 하는 방식에서 벗어나, 전문가와 일반인의 격차를 없애고 모두가 같이 만들어가는 방식으로 변하는 것이 가능하지 않을까, 하는 것이 이번에 시도하려 했던 것이었습니다.

사실 이런 설정은 계속 고도화되는 건축 기술의 현실과도 무관하지 않

'모든 사람의 집' 프로젝트

기 때문에, 어떤 의미에서는 환상 혹은 몽상에 불과하다는 비판도 나올 거라 생각합니다만, 피재지(지진이나 해일 등의 재난을 당한 곳-옮긴이)에서는 이런 도약에서 리얼리티를 느낄 수 있는 것 또한 분명한 사실입니다. 또 이런 조잡한 치료라고도 말할 수 있는 방법으로 건축에 대해 다시 묻는 다는 것은, 현대에 걸쳐 타 분야에서도 종종 화두가 되는 전문 영역의 재 통합, 재구조화와도 관계가 있으리라는 생각이 듭니다.

뭐, 그런 어려운 얘기는 이쯤에서 그만두도록 하죠. 아무튼 현지에서 겪은 사건들을 그러모아 건축에 점점 정착시키면서, 의미는 사후적으로 만 들어가는 프로세스는 생각보다 참 재밌네요. 정말로 축제랑 비슷합니다. 축제에는 산에서 나무를 떨어뜨리거나, 멋있는 건지 보기 흉한 건지 모를 희한한 춤을 추거나, 역사를 반복해서 곱씹어봐도 정확한 의미를 판명할 수 없는 것들이 상당히 많습니다. 하지만 그렇게 의미가 불분명 한 행위의 집합투성이로 이루어져 있는데도, '어떻게든 정리'가 되고, 고 양감도 생기고, 그리고 사후적 혹은 귀납적으로 그 의미가 잘 정리되는 경우가 많지요. 그런 축제와 닮은 '만드는 방식'이 가능하다면, 야마자키 씨가 말씀하신 '만드는/만들지 않는, 그 사이에 존재하는 그러데이션'뿐 만 아니라, '만드는' 것에도 그러데이션이 존재한다고 여기는 게 좋을지도 모른다는 생각도 듭니다. 결국 귀납과 연역 혹은 버텀업(bottom-up)과 톱 다운(top-down)처럼, 벡터가 서로 다른 '만드는 방식'을 왔다 갔다 하고, 때때로 둘 중 아무 쪽에도 속하지 않는 사고의 비약도 끼워 넣으면서 '만드는 것'에 대한 최적의 해답을 찾아가는 게 좋지 않을까 하는 느낌이 드네요. 어쩌면 이런 느낌이 최근의 '만드는' 측의 리얼리티일까요?

2012년 5월 7일

이누이 구미코

야마자키 료의 열아홉 번째 답장

2012.5.17

이누이 님께

'만드는 것' 안에 있는 그러데이션

이가에서 야마자키입니다. 미에 현 이가 시 시마가하라 지구에 최근 완성된 'studio-L IGA'에서 스튜디오 멤버가 모두 집합해 실시하는 3일간의 연수가 조금 전에 막 끝났습니다.

어느새 스튜디오 구성원도 늘어, 오사카 사무소뿐 아니라, 모기 사무소, 도쿄 사무소가 생기고, 그 위에 최근에는 이가 사무소까지 완성되었습니다. '스튜디오 멤버는 열 명까지'라고 정했던 스태프 수도, '사무소당 열 명까지'로 변경되는 등, 약한 의지가 빨리도 탄로 나고 말았습니다. 가능하면 스태프 수는 늘리고 싶지 않았지만, 관련되는 일이 전국에 퍼져 있는 이상, 그 일들을 다 도와주려면 어쩔 수가 없더군요.

다만 스태프가 늘어났다고 일의 질이 떨어져서는 주객이 전도되는 셈이므로, 3일간 일부러 시간을 내서 네 개 사무소의 스태프가 모두 모여 3일 동안 연수를 받았답니다.

이가 사무소는 예전부터 관련을 맺어온 호즈미 제재소 안에 위치합니다. 제재소 부지 내에 있는 오래된 창고 속에 새로운 상자를 넣은 듯한 모양으로 만든 사무소입니다. 낡아서 금방이라도 쓰러질 듯한 창고를 지지하는 사각형 상자가 새로운 사무소입니다. 말하자면 낡은 창고를 보강하기 위한 구조체 안에서 일하는 셈이지요.

studio-L 이가 사무소

제재소이기 때문에 통나무에서 건축 자재를 잘라내는 과정을 모두 다 체험할 수 있습니다. 말하자면 이누이 씨가 본 제재 현장을 우리는 매일 체험하고 있답니다. 새로운 사무소에 사용된 목재는 당연히 이 제재소에서 태어난 것들입니다. 제재소 오너가 산을 소유하고 있어서 거기서 잘라 온 삼나무 목재나 편백나무 목재를 제재해 사무소를 만들었거든요.

내장은 제재 프로세스에서 많이 발생하는 단재(端材:쓰고 남은 나무 조각-옮긴이)를 사용해 마무리했습니다. 약 3000토막의 단재를 벽면에 붙였더니 목재로 짠 고운 무늬로 둘러싸인 멋진 인테리어가 되었습니다. 커다란 L자형 테이블의 테이블 면에 해당하는 나무는 단재를 붙여 문질러서 만든 것입니다. 단재가 산처럼 쌓여 있는 제재소에서만 만들 수 있는 '만들기 방법'인 셈이지요. 그 결과 삼나무와 편백나무의 향기가 은은하게 퍼지는 기분 좋은 사무소가 되었습니다.

제재소에 사무소를 만들어야겠다고 결심한 것은 2011년 3월 11일입니다. 동일본 대지진 때 도쿄 도심부에 귀택 난민 등이 대량으로 발생해 대혼란에 빠진 것을 보고, 여차하면 오사카 우메다에 있는 studio-L 사무소도 똑같이 되겠다는 생각을 했습니다. 그래서 이전부터 프로젝트를 진행하던 이가시의 호즈미 제재소에 연락해 부지 내에 프로젝트를 준비를 하는 데 힘이 될 수 있는 사무소를 만들기로 결정했다고 말했습니다. 제재소 오너도 그 결정에 기뻐했기 때문에 그때부터 바로 설계를 할 수 있었습니다.

사무소의 기본적인 설계는 제가 했습니다만, 실제로 시공하는 동안 많은 것들이 변경되었습니다. 사용하려고 했던 목재보다도 저렴하면서도 쉽게 손에 넣을 수 있는 목재를 발견하기도 하고, 그 치수가 당초 예정했던 나무 치수보다 작았기 때문에 자르고 붙이는 방식에 변화가 생기기도 했습니다. 말하자면 현장의 판단으로 계속해서 설계를 변경한 작업이었습니다. 시공은 목수 한 명이 전문가로서 투입되었고, 그다음은 스튜디오 스태프와 학생 팀이 담당했습니다. 말하자면 아마추어 집단이 지은 사무소인 셈입니다.

따라서 설계도 아마추어가 시공할 수 있는 것으로 해둘 필요가 있었습니다. 그래서 사무소를 만드는 작업을 하기 전에 사무소를 짓기 위한 커뮤니티를 만들었습니다. 공간을 만드는 데 앞서, 만드는 쪽의 커뮤니티를 만들어둘 것. 최근에 우리가 '만드는 일'을 진행할 때 자주 취하는 방식이지요.

이 방법은 이전부터 알고 지내던 시마네 현 아마 초의 료칸을 개조하는 프로젝트에도 응용하고 있습니다. 아마초 마을의 종합 진흥 계획을 주민들과 함께 책정한 적이 있었는데, 그때 참여했던 주민의 동생분이 경영하는 료칸의 개조 설계를 의뢰받았거든요.

물론 평소에 하던 방식대로 제가 설계를 해도 상관없지만, 료칸 개조 설계로 어느 정도의 설계료를 받아야 하나 고민이 되더군요. 가능하면 설계료를 최소한으로 하고, 실제로 소요되는 재료비에 많은 예산을 투입하고 싶었습니다. 또 같은 섬에서 다른 설계 의뢰도 상당히 많이 들어오기 때문에, 각각에 대해 하나씩 설계 작업을 진행하면 그것만으로 설계료가 굉장히 많이 발생할 것이 뻔했습니다. 물론 설계료를 많이 받으면 좋을지 모르겠지만 한정된 예산의 일부를 설계료로 매번 지급받는다는 건, 섬의 실정에서 보면 마음이 내키지 않는 일입니다.

그래서 우리는 우리가 직접 공간을 디자인하는 게 아니라, 섬의 토목건축 사무소라는 커뮤니티를 디자인하기로 했습니다. 다행히 섬에 몇 개 있는 토목건축 사무소 중 하나가, 젊은 사장이 아버지의 일을 받아 2대째 이어서 오픈한 지 얼마 안 되는 사무소였습니다. 이 젊은 사장과 토목건축 사무소 스태프를 대상으로 내장 디자인에 대한 연수회를 여러 번 실시하기로 했습니다. 우리가 자주 사용하는 재료의 특징이나 벽을 바르고 나누는 방법, 조명 선택 방법이나 설치 방법 등을 토목건축 사무소 사람들에게 모두 전달하고, 현장에서 "여기에는 그 방법으로 부탁합니다"라는 식으로 지시하는 것만으로 완성하려는 계획이었죠. 말하자면 도면을 그리지 않고 각각 조건을 표시한 메모만으로 레노베이션을 진행한 것입니다.

그렇게 하면 이 토목건축 사무소는 우리의 의견으로 개조 작업을 진행한 것이 됩니다. 그 밖에 의뢰받은 개조 설계도 이 토목건축 사무소와 함께 진행하면, 도면을 그리지 않고 현장에서 작업할 수 있게 됩니다. 그러면 각각의 안건당 설계료를 받지 않고 끝나기 때문에 이쪽에서도 마음이 편합니다. 몇 개의 안건에서 '토목건축 사무소의 커뮤니티 디자인'에 소요되는 비용만 받으면, 그 뒤는 어떤 의뢰를 받아도 그 토목건축 사무소와 함께 꾸려서 현장에서 지시하면서 공사를 진행할 수 있습니다. 결국 설계료는 품질에 비해 저렴하게 책정할 수 있게 되는 거죠. 이것이 저희의 정신 건강에도 분명 좋을 겁니다(웃음).

이런 일의 진행 방식은 토목건축 사무소와의 신뢰 관계가 없으면 진행할 수 없습니다. 역으로 말하면 신뢰 관계만 구축할 수 있다면, 일일이 도면화함으로써 이쪽 인건비가 소요되지 않고도 개조 공사를 완료할 수 있다는 얘기가 됩니다. 구조에 관련된 개조라면 이야기는 별개가 되겠지만 내장을 바꾸는 정도의 소규모 개조라면 이런 방식으로 진행하면 좋을 것 같습니다.

하지만 이런 설계 방식은 근대 이후의 건축 교육을 받은 사람에게는 용인하기 힘든 것일지도 모릅니다. 설계자가 책임을 지고 도면을 그릴 것. 항상 '작은 것에 영혼이 깃드는 법'이니 디테일에 이르기까지 상세하게 도면화할 것, 이런 막대한 작업에 대한 비용은 확실하게 건물주에게 청구할 것, 그렇게 하지 않으면 '건축 작품'은 태어나지 않는다, 하고 꾸짖는 목소리가 어디선가 들리는 것만 같습니다.

커뮤니티 디자인 일을 하면서, '모두가 같이 만든다' '만들기 위한 커뮤니티를 만든다'는 방법이 친근하게 느껴지게 됐습니다. 설계 사무소에서 일하던 시절에는 생각도 못했던 설계 방법입니다. 만일 만드는 것만이 우리의 일이라면 소규모 개조라도 구조에 관련된 개조를 권하고, 전문가가 관여하지 않으면 안 되는 상황을 만들어냈을지도 모릅니다. 그렇게 하지 않으면 설계료를 받을 수 없으니까요.

하지만 만들지 않는 일을 하면서, '만드는 일'을 솔직하게 마주할 수 있게 되었습니다. 필요하면 만들고, 그렇지 않으면 만들지 않는다, 최적이라고 생각하는 방법을 선택하면 된다, 하고 생각하니 얼마나 마음이 편한지 모릅니다.

그런 의미에서 이누이 씨가 말씀하신 '만들지 않는 것 안에서의 그러데이션'을 실감하는 중입니다. 우리가 만드는 방식은 분명히 현재 건축에 관련된 사람들이 만드는 방식과는 좀 다른 것이니까요. 커뮤니티 디자인이라는 일을 시작해보니, '만드는 것'은 아직도 한참 더 고민해야 할 분야라는 걸 깨닫게 됩니다. '만드는 것'을 통해 커뮤니티를 만들 수 있고, 완성된 커뮤니티가 다시 무엇인가를 만들기 시작하는 경우도 있으니까요.

이번 편지는 대략적으로 이누이 씨가 저에게 커뮤니티 디자인 이야기를 묻는 형식으로 진행됐습니다. 저는 그것에 대답하는 형식으로 '만들지 않는 디자인'이라는, 이해하기 어려운 일을 설명하게 되었지요. 만일 다음에 다시 이렇게 편지를 쓸 기회가 생긴다면, 이번에는 제가 이누이 씨에게 '만드는 것' 안에 있는 미묘한 그러데이션에 대해 여러 가지 질문을 해보고 싶습니다. 이누이 씨한테 '만드는 것'의 그러데이션을 배움으로써 우리가 만드는 방식이 어느 지점에 도달했는지 명확히 할 수 있을 것 같거든요.

₅₁₄ 이누이 씨가 저번 편지에 쓰신 최근의 '만드는 측'의 리얼리티 이야기도 정

말 흥미로웠습니다. 언젠가 왕복 서간 속편이 가능하다면 이번에는 '만드는 측' 이야기를 정밀화해보고 싶습니다. 그럼 이만!

2012년 5월 17일

야마자키 료

추신

호즈미 제재소를 보러 갔다 왔습니다. 제재소라는 것은 참 재미있네요. 목공 공작에 사용하는 기계의 대부분은 보거나 만져본 적이 있습니다만, 그것은 거의 다 제재한 목재를 2차 가공하기 위한 것들뿐이었습니다. 통나무 제재기를 눈앞에서 본 것은 처음인데 그 심플하면서도 호쾌한 구조에 감격했습니다. 저렇게 박력 있는 기계를 일상적으로 사용하다니, 게다가 그게 역 앞에 있다니 너무 호사스러운 거 아닌가, 하는 생각이 들었습니다. 또 부인회에 계시는 호즈미 씨와도 말을 해봤는데 정말 재미있는 분이더군요. 야마자키 씨가 반해서 사무소까지 분가해준 이유를 바로 납득했습니다. 산간부 건축 현장에서는 '하루 종일 현장에서 싸움+밤에는 오로지 도면 그리기=전혀 환경을 즐길 수 없다'(웃음)는 공식이 성립되기 쉬운데, 세상에는 그렇지 않은 공식도 존재하는군요.

이누이 구미코

"일단 여기서 일단락"

'왕복 서간'이라는 형식은 흥미진진한 것이다. 신중하게 생각하면서 대화를 할 수 있다는 의미에서 '대담'과는 또 다른 정취가 있다. '대담'과 '왕복 서간'. 우연히 같은 시기에 건축가와 나눈 대화가 두 권의 책으로 정리되어 나왔다. 하나는 후지무라 료지 씨와 나눈 '대담'을 정리한 《커뮤니케이션 아키텍처를 설계하다》(쇼코쿠샤)이고, 다른 하나는 이누이 구미코 씨와 주고받은 '왕복 서간'을 정리한 이 책이다.

'대담'은 상대가 말하는 것을 듣고, 이쪽이 생각하는 것을 이야기하고, 그에 대해 다시 상대가 뭔가를 말한다. 이것이 구체적으로 교차되면서 대화가 계속되는 것이다. 즉흥적으로 주고받는 방식이기 때문에 더욱 재밌는 방향으로 이야기가 전개될 때가 많은 반면, 반사적으로 나오는 화제는 다른 장소에서 이야기된 것과 비슷한 내용으로 흐르는 경우도 많다. 반면 '왕복 서간'은 상대방이 화제를 제공하고, 그것을 신중히 읽은 다음 정리한 답장을 쓰는 형식이다. 이쪽이 정리한 답장에서 상대가 흥미를 가지는 화제를 선택하고, 또 일정량의 답장이 도착한다. 이 책의 경우, 이틀 후 혹은 2개월 후에 답장을 하는 일도 있었는데, 평균적으로는 2주마다 편지가 오갔다. 대담에 비해 굉장히 느긋한 템포로 주고받기 때문에 신중히 화제를 선택하고, 생각하고, 답변할 수 있다. 또 상대의 화제에 맞춰 답변을 생각하기 때문에 질문에 따라서는 자기 혼자서는 절대 생각할 수 없는 이야기를 풀어 정리할 수도 있다. 최근에는 방심하다 보면 어디서 무슨 이야기를 해도 '어딘가에서 이야기한 것'을 되풀이할 때가 많은데, 이 책에서는 다른 데서 이야기하지 않은 화제가 많이 등장했다. 이는 왕복 서간이라는 형식이 만들어낸 성과라 할 수 있을 것이다.

독자적인 화제가 많이 생성된 또 다른 이유는, 다른 누구도 아닌 이누이 씨의 존재 덕분이다. 돌아보면, 이누이 씨야말로 이 책의 명名퍼실리테이터, 즉 가장 중요한 촉진제 역할을 했다. 다른 데서 이야기한 적이 없는 이야기가 튀어나온 것은 이누이 씨의 질문 방식이 매번 절묘했기 때문이다. 이 책을 읽어보면 알겠지만, 결국 나는 이누이 씨가 제시해준 적절한 화제에 상황마다 대응한 것뿐이다.

언젠가 또다시 왕복 서간을 주고받을 기회가 있으면 좋겠다. 다음에는 내가 퍼실리테이터 역을 수행하고 싶다. 이번 책은 '참여 디자인'에 대해 이누이 씨가 묻고, 나는 대답하는 왕복 서간이었다. 다음에는 '건축 디자인'에 대해 내가 묻고 이누이 씨가 그것에 대해 대답하는 왕복 서간으로 했으면 좋겠다. 또 이 책에서 말하고 싶었지만 미처 다 말하지 못한 것들도 있다. 'OO에 대해서는 다음에' 하고 써놓은 채, 결국 건드리지도 못한 화제도 많다. 그것들에 대해서도 다음 기회에, 다음 왕복 서간에서 말할 수 있으면 좋겠다.

하지만 그것은 어디까지나 내 바람일 뿐이고, 속편을 읽고 싶다는 요구가 없으면 이누이 씨와 개인적으로 메일로 주고받는 데 그치고 말 것이다. 커뮤니티 디자이너답게, 독자의 의견을 들으면서 속편을 구상해야 할 일이다. 이 책을 다 읽은 후, 계속해서 이 왕복 서간을 읽고 싶은 분이 있다면 트위터, 페이스북, 블로그 등을 통해 "속편을 읽고 싶어요!", "이런 테마로 진행해주세요!" 하고 속삭여주길 바란다.

그런 사람들이 많으면 출판사에서도 속편 간행에 힘을 실어줄 것이다. 속편 테마도 그 속에서 찾으면 된다.

그러니까 나는 이 '후기'로 이 책을 모두 정리하고 싶지는 않다. 감동적인 말로 마무리 지을 생각도 없다. 페이지 수가 정해져 있으니 일단 이 정도로 일단락 짓지만, 앞으로도 이누이 씨와 왕복 서간을 계속 주고받을 것이다. 노베오카 프로젝트를 함께 하게 된 이상, 아직도 나누고 싶은 이야기가 굉장히 많다. 언젠가는 그 대화의 일부를 다시 여러분들과 공유할 수 있기를 바란다.

이누이 씨와 만날 수 있게 해준 노베오카 역 주변 정비 프로젝트 관계자분들과, 왕복 서간이라는 즐거운 방식을 제안해주신 가쿠게이출판사의 이구치 나쓰미 씨에게 감사드린다. 다양한 화제로 '참여 디자인'에 관한 중요한 키워드를 끌어내주신 이누이 구미코 씨에게도 깊은 감사의 마음을 전한다.

이번엔 이즈음에서 일단락 지어야겠다. 오늘은 지금부터 후쿠야마 시에서 워크숍을 할 것이고, 내일은 오이타 시로 이동해 주민들의 이야기를 들을 것이다.

2012년 7월 23일

야마자키 료

작은 마을 디자인하기
건축가 이누이 구미코와 커뮤니티 디자이너 야마자키 료의 참여 디자인을 둘러싼 왕복 서간

이누이 구미코 · 야마자키 료 지음
염혜은 옮김

1판 1쇄 펴낸날 2014년 2월 7일

펴낸이	이영혜
펴낸곳	디자인하우스
	서울시 중구 동호로 310 태광빌딩
	우편번호 100-855 중앙우체국 사서함 2532
대표전화	(02) 2275-6151
영업부직통	(02) 2263-6900
팩시밀리	(02) 2275-7884, 7885
홈페이지	www.design.co.kr
등록	1977년 8월 19일, 제2-208호

편집장	김은주
편집팀	박은경, 공혜진
디자인팀	김희정, 김지혜
마케팅팀	도경의
영업부	김용균, 오혜란, 고은영
제작부	이성훈, 민나영, 박상민
교정 · 교열	이정현
출력 · 인쇄	신흥P&P

MACHI HE NO LOVE LETTER by YAMAZAKI Ryo, INUI Kumiko
Copyright ⓒ2012 by YAMAZAKI Ryo, INUI Kumiko
All rights reserved.
Originally published in Japan by Gakugei Shuppansha
Korean translation rights arranged with Gakugei Shuppansha
through BESTUN KOREA AGENCY
Korean translation rights ⓒ2014 Design house Inc.

ISBN 978-89-7041-617-5 03610

가격 15,000원